セレブをおとす英会話

How to be a precious lady

マダム・ロセス 著

序に代えて
Introduction

For VRV
The "bestest" husband I have ever had
Or rather
The only husband I have ever had

国際結婚を果たして13年、**10人近くの外国人の恋人を持った日本人女性が、一生に1度だけ教えます**。上流の欧米人とお付き合いする際の英会話とマナー。三大陸でフルタイムにて就労。NYでは国連代表部にて4年半勤務。夫は上流階級に属するヨーロッパ人。トライリンガル。現在は南欧で生活しています。

NYの国連本部で事務総長夫人にシャンペンを勧められ、パーソナル・アシスタントとしてウォルドルフ-アストリア・ホテルで総理大臣や外務大臣にアテンドした日々。ブラック・タイと呼ばれる舞踏会に招かれ、セレブたちと交流。ヨーロッパでは貴族との社交もこなし、現在も超一流の男性達と世界を舞台にお付き合い。

NYのゴージャスネス、ヨーロッパのソフィスティケーションを感じさせる英語をご教授します。**英会話**だけでなく、欧米人とお付き合いする際の**マナー**や**心得**、**ファッション**も含め、**トータルに手取り足取りお教えします**。

私自身、結婚しているけれど、来年で40歳だけれど、いまだに頻繁に外国人の男性からアプローチされ、プロポーズされています。美人でもなんでもありませんが・・・。**エリートの欧米人との交際するための究極の秘訣をあなたとシェア**。ほんもののゴージャスネス＆ソフィスティケーションに触れてみませんか？

天性の麗質に磨きをかけて、欧米人のエリート男性にあなたの魅力をアピールする方法をお教えします。

Contents

付属の CD について

付属の **CD** にはぜひ覚えておきたいフレーズ **phrases** を、テーマごとにまとめて収録してあります。お気に入りのフレーズの脇に★でトラック番号を示しておきました、気軽に聴いてみてください。もちろん繰り返し練習をして覚えておくとよいでしょう。

How to be a precious lady

準備

Lesson 1
Preparation

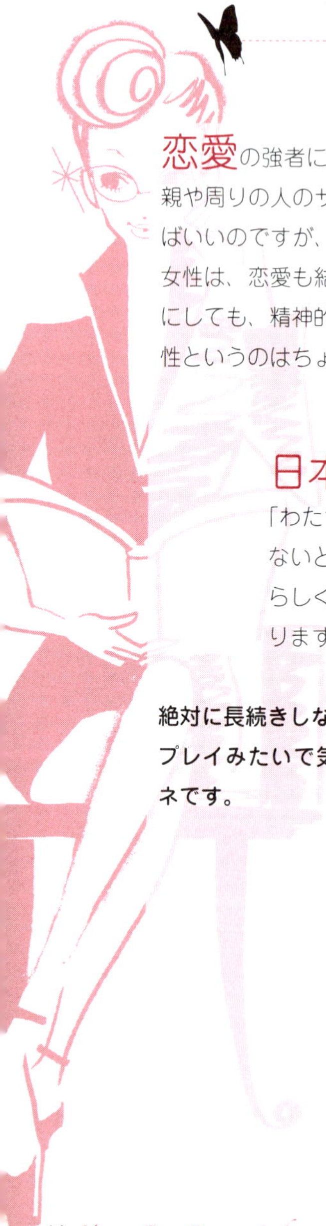

自主独立の勧め

Be independent.

恋愛の強者になるには、精神的な自立がまず要求されます。両親や周りの人のサポートも、受けられるときにはありがたく受ければいいのですが、お父さん、お母さんに精神的におんぶに抱っこの女性は、恋愛も結婚も長続きしていません。結婚まで考えていないにしても、精神的に独立できてない女性と本気で恋愛する欧米人男性というのはちょっと想像がつきません。

日本人女性にありがちな、「わたちを助けて～」「わたちの面倒を見て～」「いつもわたちといっちょにいないとダメなにょ～」というタイプは、最初はものめずらしくて小動物を愛でるように愛されることもたまにありますが、

絶対に長続きしないし、そんな関係、チャイルド・プレイみたいで気持ち悪いというのが私のホンネです。

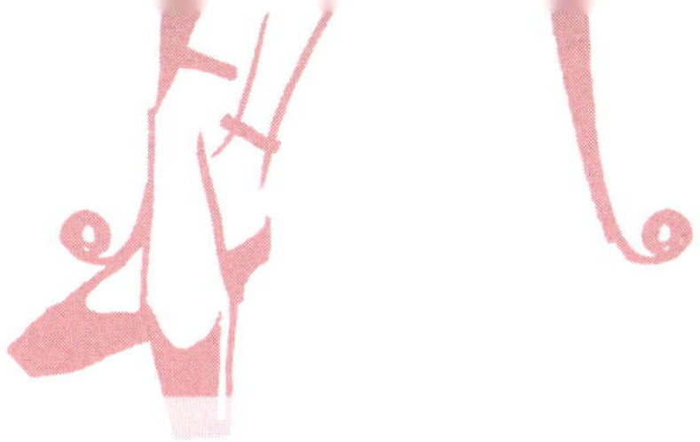

欧米では、恋愛は決して「もたれ合い」ではありません。経済的にも精神的にも、家事やその他のソーシャル・スキル（＝税金を払ったり、ゴミを捨てたり）にしても、ひとりでもちゃんとやって生きていけるひとしか恋愛する資格はありません（中学生じゃないんだからね）。

万一、彼氏ができても、自分で自分の面倒を見れない人は、早晩、捨てられています。

では、具体的には女性はどうやって自主独立を手に入れることができるのでしょうか？自分の食い扶持《ぶち》を自分で稼《かせ》ぐ、というのは１つの答えではないかと思います。

まだ学生であっても、本業の妨げにならないていどにバイトして、お金を稼ぐというのはメリットが大きいですね。これからの社会はどんどん競争が厳しくなるばかり。学生時代から働いていればC.V.《セーヴェー》（履歴書）にも書けるし、職種によってはスキルを身につけることも可能。**経済的な自立は、精神的な自立を助けます。**

Those who hang in there forever are those who are independent.
（最後まで残るのは自立したひとたちです。）

ひとり暮らしの勧め

Live on your own for once.

なにがひとをオトナにするか考えてみると、第一に「ひとり暮らし」が頭に浮かんできました。留学先で突然ひとり暮らしを始める、というのはあまりに過激なので、まずは日本でのひとり暮らしをお勧めします。ひとり暮らしでいちばんコワイのは、実はドロボーや変質者でなくて、新聞の勧誘ですね（笑）。私もスゴい人にあたったことがあります。

新聞の勧誘を撃退し、各種支払いを滞《とどこお》りなく行い、大家さんのプライバシー侵害攻撃を笑顔でこなし、うるさいご近所とも波風立てずにうまくやっていき、ゴミをキチンと出す。うーん、これだけできれば年は若くてもオトナです（笑）。

100％純粋なひとり暮らしでなくても、学生寮や会社の寮（私は両方住んだことがあります）、ルーム・メイトとのルーム・シェア（私はこれも経験しました）など、まずはいちど親元を離れることが肝心。娘には、必ず1度はひとり暮らしを経験させるよう働きかけるつもりです。期間は短くてもいいと思うのです。1年でも、半年でも。

そういう意味でも、留学はお薦めでしょうか。少なくても親元からは離れますからね。

「ひとりで生きていけるけれど、あなたがいるともっと幸せ」というのが、正しい恋愛や結婚の形ではないかと思います。精神的に自立した女性というのは、愛する男性をよくサポートすることができるし（精神的に自立していない女性が誰かをサポートできるとは想像できません。子供のような天真爛漫《てんしんらんまん》さで癒したり和ませたりはできるかも知れませんが）、値打ちが高い、precious《プレシャス》な女性だと思います。

Oh, yes. Independent women are SEXY. Independent women are PRECIOUS. Then, when you meet the right person, you can build up a better relationship with him !
（そう、自立した女性はセクシーです、自立した女性はプレシャスです。“まさにその人”に逢ったときに、彼とよりよい関係を作れる下地ができていることでしょう。）

同棲の勧め

Live with him for getting married.

私も、現在の夫とは結婚前に半年ほど同棲しました。籍を入れてから関係が変わったかどうかは微妙ですが（あまり変わらなかったように記憶しています）、結婚前にいっしょに住んでおくことは決定的に重要です。娘にもかならず言い聞かせるつもりです。

同棲というのが不可能な場合には、最低でもいっしょに旅行をすることをお薦めします。その際には１泊、２泊ではなく、できれば１週間、２週間の旅行だといいですね。１日、２日なら猫をかぶりつづけることも可能ですし。

相手の日常的なクセでガマンできないものがあったりしたら、結婚生活は続けられません。イビキがすごい人と結婚すると、ちょっと後悔するかも。まあ、イビキに関しては、若い頃はかかなくても年を取るとかくようになるかも知れないし、保証はありませんが。

とにかく、相手が生理的に受け付けられないクセや性癖を持ってないか見極め、お互いにcompatible《コンバーティブル》（折り合える）かどうか判断することが大切。充分なデータを見ないうちに飛び込んでしまうには、結婚はあまりに大博打《バクチ》。よくよく見てからにしましょう。

結婚願望について

Anxious to get married ?

結婚したいと思うこと自体はいいのです。私は、「この人と結婚したいと思うひとが現れて初めて、結婚しようと思うものです。“25歳までに結婚したい”、“もう30だから結婚したい” なんて愚《ぐ》の骨頂《こっちょう》！」などとは言いません。

それはただの人生設計の一部。「大学に行こう」、「大学院に行こう」、「留学しよう」、「子供は1人でいいや」、「資格試験を受けよう」と計画を立てるのと同じノリで、「2～3年以内に結婚したい」、「エリートの欧米人男性と結婚したい」と願うことのどこがいけないのでしょうか？

ただ、現実は計画どおりにはいかないもの。また、繰り返しになりますが、こと出会いや結婚となると、「どこかに誰かいい人、いないかしら？」と待っているだけではダメ。自分から出会いをさがしに行かなければ。

「運命」というのは存在するかも知れません。出会うときにはゴミ出しに行ってるときにだって出会うし、見初《そ》められるときには歯にネギが挟まってたって見初められるもの。それはそれとして、自分ではなんの努力もしないで、「いつか白馬に乗った王子様がやってくるのよ」と待ちつづけるのは愚かでしょう。人生の無駄遣《づか》いです。

モテない女性について

On unpopular women.

NY時代の私の友人に、仕事がイヤでイヤで、結婚したくてたまらない女性がいました。もともとカワイイタイプのキレイな人でしたが、ぜんっぜんモテていませんでした。彼女としては、この本に書いてあるようなことはすべて試していたのです。

まず、眼鏡をやめてコンタクトにし、八重《やえ》歯を治療して歯並びも直しました。その後も歯のホワイトニングに凝って、大枚をはたいて審美歯科（esthetic《エステティック》 dentist《デンティスト》）に通っていました。花嫁修業もひと通りこなし、お料理も上手。

それでもモテなかったのは、ただただ焦っているのが見え見えだったのです。

彼女は自分の仕事が嫌いで嫌いで、傍《はた》から見てもすぐに分かるほど。その分、結婚願望が強かったのですが、彼女にとって結婚とは、「結婚したら専業主婦になれる。もう仕事に行かなくていい」というだけのことでした。**そんなテンパっている女性に声をかける男性というのは、欧米人、日本人を問わず、自分も同じくらいテンパっている人だけでしょう。**

Desperate《デスパレイト》ではダメ

Don't be desperate.

その上彼女はセックスに対する考え方も歪んでいました。セックスをなにか囮《おとり》のように考えていました。「私と寝たんだから結婚しなさいよ」。実際に口にする、しないは別として、そういうオーラを出していましたし、私にもそう言っていました。セックスと結婚はまったく別ですよね。セックスで人を縛ることはできないし、もしもできたとしてもそれは禁じ手。

彼女を見ていると、いつもdesperate 「テンパっている、死に物狂いの、欲しくてたまらない」という言葉が頭に浮かんできました。desperateな異性に惹かれる人はいません。**人間が持っている魅力のうち、最大の魅力の１つは、精神的な余裕です。**また、心の中にhotなものがないと、人を惹きつけることはできないのではないでしょう。なにかほんとうに好きなものだとか、情熱を注いでいるものだとか・・・。

Do not despair, do not be desperate. If you cannot help it, just make believe you aren't, and the rest will follow.
（絶望しないで。テンパらないで。どうしても自分で自分を抑えられなかったら、せめて自分はテンパってないって自分に言い聞かせてみて。そうすれば後はなんとかなるはず。）

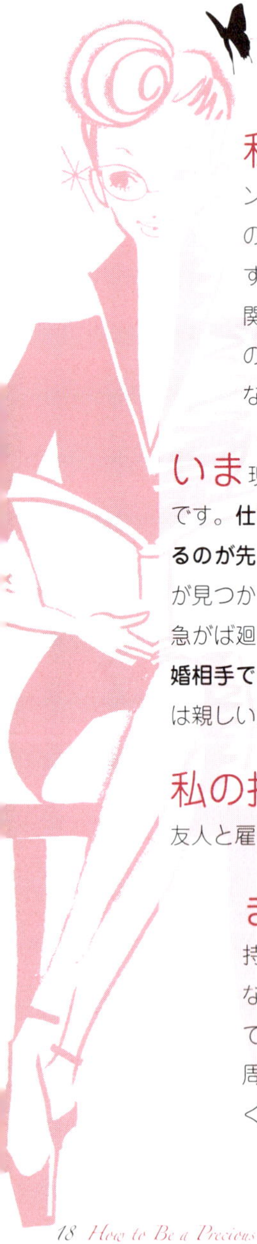

とにかく焦りは禁物！

Don't get irritated.

私事で恐縮ですが、私が夫に見初められたときは、ビン底眼鏡をかけていて、八重歯も１本ありました。男の子のように髪も短く、高価な洋服などとも無縁。日本ではまずはカタチから、という考え方もありますが、こと恋愛に関しては、内面の方が大切なのではないかと思います。その desperate な彼女は、30 代半ばで日本に帰国し、40 になる現在も独身です。

いま現在、結婚したいのにできないでいるあなた。焦りは禁物です。**仕事を辞めたい一心で結婚したいと思っているなら、転職するのが先。**経験が浅かったり資格がなかったりして、ロクな転職先が見つからないなら、資格を取るなり学校に通うなりするのが先決。急がば廻れ。**寂しくてたまらないから結婚したいというあなた。結婚相手でなく友人を作るのが先です。**男でも女でもいいから、まずは親しい友人を作って大切にすること。

私の持論ですが、オンナは自分の夫（あるいは恋人）と家族、友人と雇い主を幸せにしてナンボ、です。

まずは内面を磨いて、いつもできるだけ happy な気持ちで過ごし、男女を問わず周りの人々の希望となるような存在になれるよう精進《しょうじん》してみてください。自分を幸せにできないひとが、どうして他人を幸せにできるでしょう？周りを幸せにできる女性を、どうして周りの男性が捨てておくでしょう？

社交性について

Be sociable.

社交性を持つということに関連して、立派な女性というのは、誰とでも、なにについてでも話をすることができる女性です。言い換えれば話題が豊富ということ。もちろん、すべての話題に対応することは私にもできませんが、1つ話題があがっているときには、それに関連して自分が**経験したこと**を話せると株が上がります。

普段から広い世界に触れ、多くの人々と交わり、いろいろな本や雑誌を読んでいる、というのは女性を図るひとつのものさしではありますが、それに加えて、「自分が経験したこと」、「経験から考えたこと」を人前で堂々と話せる女性というのは、誰からも尊重され愛されます。少なくても、受け売りでない、「自分の頭で考えた意見」を披露《ひろう》できるといいですね。

Are you opinionated ? Good! If you aren't, move on, and you'll find some hints to have your opinions.

(自分の意見を持っていますか？持っている？それはすばらしい！もしも持っていないなら —— 読み進めていってください。自分の意見を持てるようになるためのヒントが書かれています。)

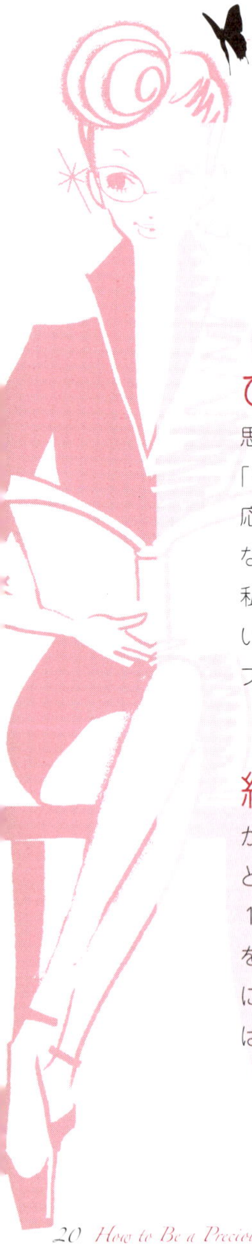

日記をつける

Keep a diary.

自分の意見を持つ、と口で言うのは容易《たやす》いですが、実際に実行するとなるとタイヘン。まず、どこから手をつければいいのか分からない人も多いかと思います。

ひとつには、「**日記をつける**」ということが有効かと思います。その日あったことを記録に残すだけではなく、「その出来事に際して自分はどう思ったか」、「自分はどう対応したか」、「その結果、どう転んだか」、「将来の夢や計画」など、事実よりも思考を書きとめるとベター。
私自身は日記はつけていませんが、毎日恋人にメールを書いています。（あとブログも。）メールだと、インタラクティブに相手の意見や経験など聞けて、なおいいですね。

経験については数をこなすに越したことはありませんが、逆説的ながら、１つのことを極めた人は他のどんなことにもついていける、ということはあるかも知れません。
１つのことを極めた人は、こんどは違うことに興味や感心を持ってマスターしようと志しても、すでにハウツーが身に備わっているということもあるでしょうし、「物事の真髄は１つ」ということもあるかも知れません。

ゴルフであれ、バレエであれ、人生のテーマが決まっている人には意地悪されたことがありません。彼女達は自分の道を極めるのに忙しすぎて、人の邪魔をしているヒマなどないのでしょうね。

自分が知らない分野の話題で盛り上がっていたら？
知らないことを教えてもらう絶好のチャンスです。普段から疑問に思っていたことを訊ねたり、自分で考えた仮説が合っているかどうか訊ねてみたりすればよいのです。男性に限らず、自分がよく知っていることや好きなことを人に訊かれて嫌な気持ちになるひとはいません。教え好きな人は多いですし、それほどでなくても、やはり自分の好きなことや専門に興味を示してくれる女性というのは、嬉しい存在でしょう。

見当外れなことを訊いてしまうのではないかと不安だったら、「前から不思議に思っていたけれど、あまりにオバカさんな質問かと思って誰にも訊く機会がなかったの・・・」と前置きしてから訊けばいいでしょう。（こんな例はいかがでしょう？）

I've been wondering for a long time but I never had courage to ask anybody as I thought it would make me look silly...
（前から不思議に思っていたけれど、あまりにおバカさんな質問かと思って誰にも訊く機会がなかったので・・・）

チャームについて

On charm.

老若男女を問わず、人を誉めるのに使える形容詞にcharmingがあります。「うっとりさせるような、魅力的な、すてきな、愛きょうがある」という意味で、主に人間的な魅力を指します。（charmというのは、名詞では、「魅力、魔力、（特に女性の）容色、色香」を指します。）

「お化粧とかそんなことじゃない。みずからをほんとに、正直に、知ったときチャームは出る」と犬養道子氏も書いておられます。

人間らしさ、人間としての謙虚さ、優しい気持ち・・・。それらがチャームの源となるのかも知れません。ですから、上述の、「あまりにオバカさんな質問でこれまで誰にも訊けなかった」質問を彼にでき、あるいは知らないことは「知らない」とはっきり言える女性というのは、魅力的でこそあれ、軽んじられることはないはず。

もちろんなにもかもあなた任せで、「私はなんにも知らないの～」で終わってしまう女性というのは論外ですが、**普段からアンテナをはりめぐらせて勉強を怠らず、知的好奇心を発達させていれば、そんなことにはならないでしょう**。

公私共に私がお付き合いする男性というのは、各界の第一人者にして著名人であったりしますが、彼らに共通するのは「可愛げ」。普段はどんなに謹厳《きんげん》にしていても、私といるときに茶目っ気を見せてくれるとたまりません。「落差」というのは男女を問わず、魅力的。落差は大きければ大きいほどインパクトが強いし、意外なところに隠れていた方がポイントが高くて可愛らしいですね。

女性の魅力は意外性

A pleasant surprise in a woman.

引出しとチャームに続いて、女性の（人間の？）魅力となるものに、意外性があげられます。「堅物に見えて実はお茶目」、「おカタそうに見えて実はセクシー」、「いつも冗談ばかり言っているのに、困ったときには誰よりも頼りになる」、「愛想はいいけれど、肝が据わっていて、自分をしっかり持っている」などなどです。

いつもボーイッシュな格好をしている女性が、パーティともなれば華やかなイブニング・ガウンに身を包んで華になれたりすると、ポイントが高いですね。また、プロトコールをすべて熟知しているくせに、平気でそれを無視する女性だとか。マナーもエチケットもロッテンマイヤー女史よりも身につけているのに、高級レストランで手を使って食事をしてみたり。あるいはその後、目立たないように指をしゃぶってみたり。これをやってもサマになる人と小汚く見える人がいますので、自信がなければやらない方が賢明ですが。

ある元ボクシング選手にして女性に性転換後はトップ・モデルのタイ人が、そそる女性についてこう定義しました。「場面によってスタイルを変えなくちゃダメ。（求められる場面によって）処女のようにはにかんだり、熟れたパパイヤのようにセクシーになったり、真夏の夜のようにイタズラっぽく濡れたり・・・」。同感です。

私流儀で生きる

My way of attracting my man.

上流階級のヨーロッパ人男性と結婚して10数年が経ちます。私自身は浮気もするけれど、私は家族を幸せにしています。夫は私ひと筋。一途《ず》です。では、どうやって夫を惹きつけているのかご教授します。

まず、私はよほどのことがない限り怒鳴《どな》ったりしません。カンシャク持ちなので、語気を荒げることくらいはしょっちゅうありますが、「この不器用者！」、「バカ！」、「薄情者！」といったののしり言葉とは無縁です。

話し合いをしていて、「○○のときに××してくれなくて辛かった」、「私は△△が不安で不安でたまらない」と言ううちに感情的になって泣いたりしたことはありますが、10数年の結婚生活でも片手で数えられるほど。

相手に嫌われないためにまず最初に気をつけなければならないのは、**ヒステリックにならないこと**。結婚生活とはいえ、共同生活には変わりないのですから、「**できるだけ相手に不愉快な思いをさせない**」というのは鉄則です。これに関しては、大学時代に2年近く寮生活をした経験が役に立っているかも知れません。よき結婚相手というのは、よきパートナーであり、よきパートナーというのは、必ずやよきルーム・メイトであるはず。

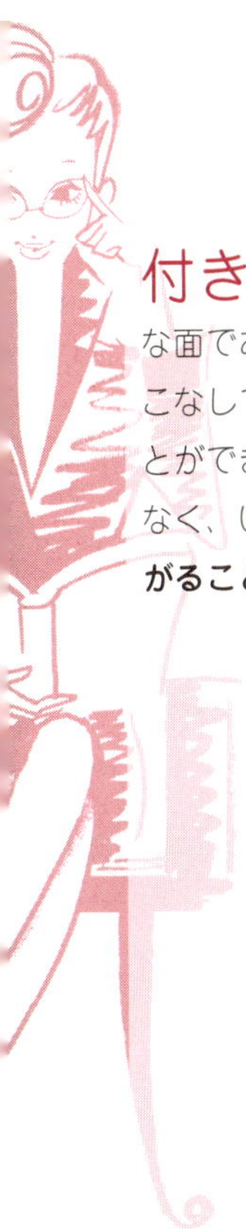

付き合っていくうちに、ポジティブな面であれネガティブな面であれ、「相手のツボ」が分かってきます。人間関係を上手くこなしていける人というのは、「相手のツボをいち早く見つけることができる人」かも知れませんね。ただし、ツボを見つけるだけでなく、いい方向に利用しないとダメ。これは、実は簡単。**相手が嫌がることは避け、相手が喜ぶことはできるだけやってあげるだけ。**

もちろん、あなただけが相手に尽くして相手はあなたを省《かえり》みもしない、という一方通行の関係はいけませんが、オトナであれば、少しの努力でギブ・アンド・テイクの関係を作りあげていくことができるはず。

私は尽くしすぎたりはしませんが、私が夫にしていることで夫が喜ぶことがいくつかあります。ヒントとしてあげておきますね。

1. 入浴を手伝う

映画『将軍』にも『ミスター・ベースボール』にもありましたし、私自身はあまり気乗りしないのですが、夫の入浴の支度をたまに頼まれます。欧米人は普段はシャワーで済ませる人が多いのですが、体が芯から冷えたときや風邪を引きそうなとき、リラックスしたいときには入浴するようです。
お風呂の支度といっても簡単なもので、バスタブにお湯を入れて湯加減を見、入浴剤代わりにシー・ソルトを入れて少しかきまぜるだけ。アメリカでは“Epson salt”の名前でドラッグ・ストアなどで広く売られていました。

その後、少し背中を流してやるとひじょうに喜びます。「絵に描いたような大和撫子《やまとなでしこ》」ぶりが面映《おもはゆ》くはありますが、月に１度か２ヶ月に１度のことなので、嫌な顔は見せずにやっています。

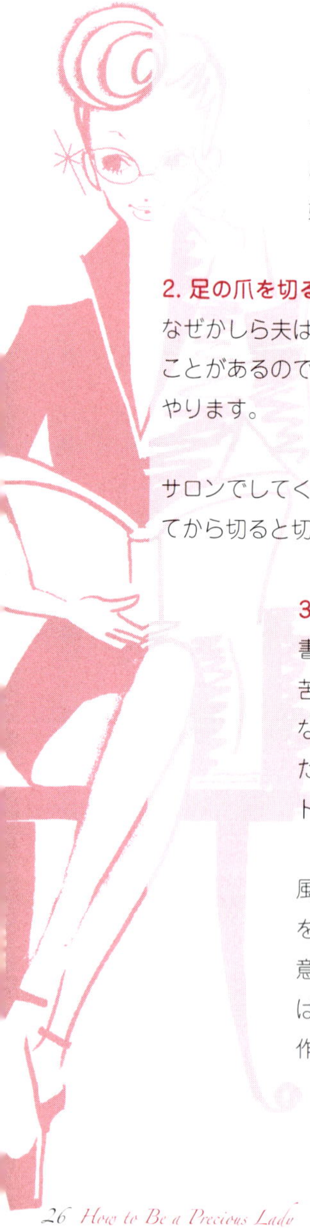

2. 足の爪を切る

なぜかしら夫は爪の切り方がヘタで、ばい菌が入って炎症を起こすことがあるので、気がついたり頼まれたりしたら、足の爪を切ってやります。

サロンでしてくれるように、まず足をお湯につけて、少しふやかしてから切ると切りやすいですね。

3. 味噌汁を作る

書いていて情けなくなってきました。私はお料理が苦手なので、結婚するときの条件として、「料理はしない」を挙げておきました。NY 時代は外食が多かったのですが、こちらでは外食するとたいへん。レストランで食事をすると、２時間以上かかるのです。

風邪を引きそうなときや喉が痛いときには、「味噌汁を作ってくれ」とリクエストが入ります。材料を用意するのも容易ではありませんが、しょっちゅうではないので、リクエストがあったら嫌な顔をせずに作っています。

というわけで人が聞いたら「なにこれ?!」と思うようなふざけた尽くしぶり（というか体たらく）ですが、夫は幸せなのです。なぜならば、彼は自分のツボにはまった、自分の望む扱いを受けているから。自分がして欲しいことを私にしてもらっているから。

料理が下手な私が毎日２時間かけてフランス料理を作っても、彼はまったく喜びません。手編みのセーターなど、欲しいと思ったこともない様子。万一欲しくなったら、人を雇って編んでもらえばいいだけのこと。ビジネス・ディナーやその他の商用で遅くなるときには、私が起きて待っていなくてもぜんぜんＯＫ。起きて待っていられると、かえって負担に思います。

逆に言えば、あなたの彼が日本食がキライなのに、２時間かけて手の込んだ和風弁当を作ってあげるのは自己満足に過ぎないということです。手編みのセーターを編むくらいなら、その時間をオシャレに使って欲しい、あるいはタメになる本を読んで欲しい、と思う彼だってたくさんいるはず。その尽くし方が彼の喜ぶ尽くし方かどうか、１度考え直してみてはどうでしょう？

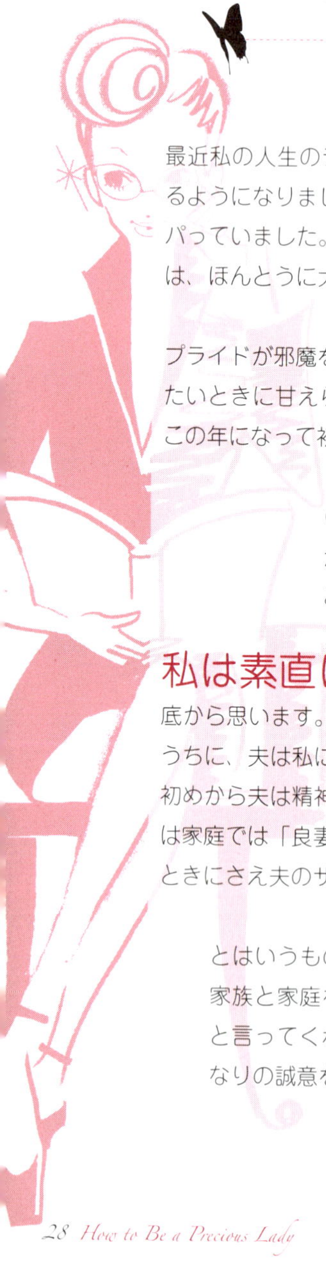

素直さがいちばん

Be true to yourself.

最近私の人生のテーマは、「**素直になること**」ではないかと思い至るようになりました。若い頃はほんとうに素直になれなくて、ツッパっていました。そんな私が言うのですが、素直になるということは、ほんとうに大切。

プライドが邪魔をして、好きな人に好きだと言えなかったり、甘えたいときに甘えられなかったりしてきましたが、現在の恋人は別。この年になって初めて、私よりも強い人間に出会いました。

(女友達の中には私よりも精神的に強い人はいますが、私の場合、女性は恋愛の対象になりませんので、ここでは一応除外しておきます。)

私は素直になりたい。 素直に甘えてみたいと心の底から思います。いっしょに子育てしたり、生活していったりするうちに、夫は私に甘えるようになりました。というより、おそらく初めから夫は精神的に強い女性を求めていたように思われます。私は家庭では「良妻賢母」。気が休まるときがありません(笑)。病のときにさえ夫のサポートを受けることはできませんでした。

とはいうものの、夫の私に対する愛に変わりはなく、私達は家族と家庭を愛しています。それを承知の上で、私を欲しいと言ってくれる人が現れました。それを前提に、私は彼に私なりの誠意をぶつけていっています。

私はいま、毎日が楽しくて楽しくて仕方がありません。やっと、私よりも強い人が現れて、私を慈《いつく》しんでくれ、私を愛してくれているのです。「愛してる」と繰り返していくうちに、臆病なカタツムリが殻から角を出し、頭を出すように、心を開いてくれるようになりました。

どんなに「愛してる」と言っても、「ボクも愛してるよ」と気持ちをぶつけてくれますが、「こんなことを言ったら引かれるかも知れない」、「あんまり好きだって言ったら、リコンを考えてると思われるかも知れない」などと心配しなくてもいいのです。頭のいい人ってほんとうに好き。

好きなら好きと言っていいし、イヤなことはイヤ、相手が誤解していればそれは誤解ですと言ってあげたらいいのです。私はいま、生まれて初めて素直になっています。生まれて初めて、私の愛に耐えうる人を見つけました。あ、夫もそうなのかも知れないけど・・・。

私のいまの望みは、もっともっと素直になることです。

では、心構えはこれぐらいにして、実践的な社交術をみがきましょう。

セレブ用語辞典（1）　序にかえて～Lesson 1 準備

★ここまでで解説が必要な言葉をあげておきます。

トライリンガル trilingual

３カ国語が話せるということ。例えば日本人の場合、英語が話せればバイリンガル bilingual、それに加えてスペイン語が話せればトライリンガルということになります。

ウォルドルフーアストリア・ホテル（通称）

正式名称ザ・ウォルドルフ・アストリア・ア・ヒルトン・ホテル The Waldorf Astoria : A Hilton Hotel。ニューヨークのパーク・アヴェニューにある超高級ホテル。

ソーシャル・スキル social skill

社会で生きていくために必要な技術。

C. V.

Curriculum Vitae の略。米語式の読み方はカリキュラム・バイティー。

ホワイトニング

「芸能人は歯が命」で有名になったように、綺麗にして歯を白くみせること。

審美歯科

虫歯の治療などではなく、純粋に歯並びなどを治療する歯医者。

犬養道子

女性作家。代表作に『女が外にでるとき』『私のアメリカ』

イブニング・ガウン

夜会服。夜間の礼装としてはもっとも格調が高く、腕、背中、胸の中部を大きくあけたローブ・デコルテなどのロング・ドレスがその代表的なものとされる。

プロトコール protocol

礼儀作法のこと。

ロッテンマイヤー女史

人気アニメ「アルプスの少女ハイジ」に出てくるゼーゼマン家（クララの家）の女執事。

ビジネス・ディナー business dinner

ビジネスについて話すための夕食会。ビジネス・ディナーは基本的に夫婦同伴（あるいはカップル）で行うこともある。近年は配偶者を伴わないビジネス・ランチのほうがはるかに一般的。

出会い

Lesson 2

The Encounter

How to be a precious lady How to be a precious lady How to be a precious lady

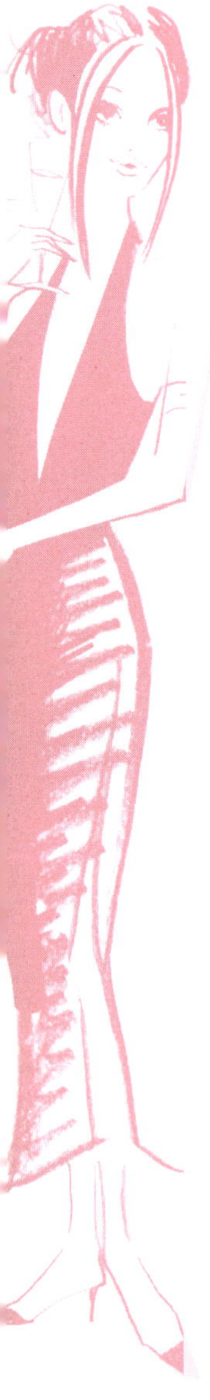

知らない人に声をかける

Speaking to a stranger.

日本人はあまりしないかも知れませんが、欧米ではsmall《スモール》 talk《トーク》（＝世間話、よもやま話、おしゃべり）に代表されるように、知らないひとどうしが挨拶したり声をかけたりするのはむしろ自然。

せっかくのチャンスですから、興味を持ったひとには堂々と声をかけてみましょう。よく電車で見かけるひとに、にっこり笑いかけて「よくお会いしますね」。同じビルで働いているらしい気になる彼に、「こんにちは」。普通の欧米人なら笑顔で返事を返してくれるはず。

国際恋愛だろうが国内恋愛だろうが、まずは出会いから。ただし、**「自然な出会い」に頼っていてはなかなかラブ・ストーリーは始まらないから、自分から声をかけたり、声をかけられるように持っていかないとダメ**。まずはそのときの決まり文句やオリジナルな文句をご紹介します。

Have we met ? ★2

「前にお会いしたこと、ありませんでしたっけ？」

常套句と言えば常套句ですが、Have we met ? は基本中の基本。会ったことがなくたって、相手があなたに興味を示せば（＝あなたが相手のストライク・ゾーンにいるなら）、それなりの返事が返ってくるはず。

Ah... I don't think so.
「いや、お会いしたことはないと思います」

返ってきた答えが、「いや、お会いしたことはないと思います」だと、ちょっと脈がないかも。それでもどうしても会話を続けたければ、
But haven't we had a drink together at the bar of ANA hotel ? ★2
「だって、全日空ホテルのバーで同席しませんでした？」とか、
Don't you know my friend Mika ? ★2
「私の友人のミカとお知り合いでいらっしゃいませんでした？」
などと、ウソをつきましょう。

相手が取り合ってくれなければ、潔く、
I'm sorry. It's my mistake then. ★2
「すみません。それじゃあ人違いだったんだわ」
とひと言謝れば、向こうも
It's OK.
「大丈夫ですよ」と言ってくれるはず。

知らない人に名前を聞く

Asking a stranger his name.

I'm afraid I don't remember seeing you before.

返ってきた答えが、「以前にお会いした覚えはないように思います・・・」だったら、多少は脈があるかと思います。

Oh, have we? What was your name then ?

「え、そうでしたっけ？あなたのお名前はなんとおっしゃいましたか？」と訊いてくれれば、かなり脈があるはず。

ちなみに、中学英語で習う相手の名前の訊き方は What's your name ? ですが、これは「お前の名前はなんという？」というくらい失礼ですので、オトナの女性が使ってはなりません。

What's your name, please ? ★3

最低でも、語尾に「プリーズ」をつけましょう。

いちばんキレイな正しい訊き方は、

May I have your name ? ★3

「お名前を伺ってもよろしいですか？」「お名前を教えていただけますか？」です。

Adding "please" is ever so important – and easy !
（"Please" と言い添えることはとても重要 ―― そしてカンタンなこと!）

名前を聞いたけど忘れてしまって

Forgot his name ?

以前に名前を聞いたことがあるのに忘れてしまったときなどは、

What was your name again ?★4

「あなたのお名前、なんていいましたっけ？」で充分です。

相手が自分に気があって、自分も密かに相手のことが気になっていて、実は名前だって前に聞いていてちゃんと覚えているけど、気のないそぶりを見せるときに使うひとも多いです。「あなたの名前、覚えてないのよ」と誇示するために。私はやりませんけど。

Do I know you ? ★4

逆に、覚えのないひとに突然話しかけられたら、Do I know you ?「私、あなたのことを存じてますか？」と訊いてもいいでしょう。私は基本的にはナンパも逆ナンもしないので、ラウンジなどで話しかけられても Do I know you ? と相手に尋ね、答えが no なら、

I'm sorry I do not speak with strangers. ★4

「ごめんなさい。私、知らない方とはお話、しないことにしているのです」

といなしています。ご参考までに。

No. I myself do not speak to strangers. I am too introverted !
（いえ。私自身は知らないひとには話しかけないですね。ごく内気なので！）

わざとらしさもテクニックのうち

A pretentious technique or two.

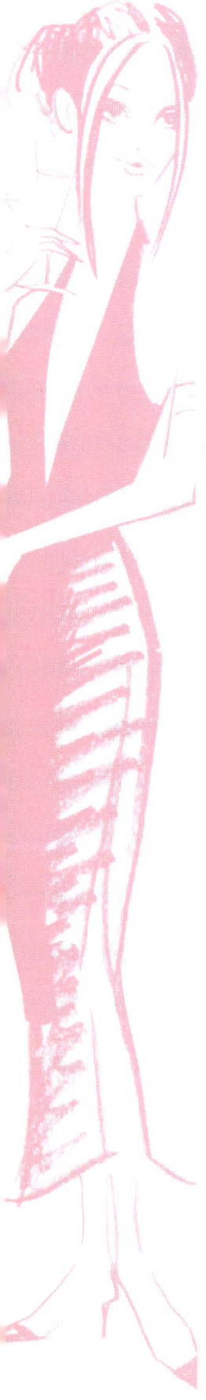

でもちょっとわざとらしく。

アナスタシアの「sick and tired」のビデオ・クリップにもありましたが、

I feel like I know you. ★5

「私、あなたのことを知っているような気がするんですが」

というのも、ちょっと気取った、わざとらしいセリフですが、似合う方はどうぞ。これには「実際に知っている気がする」という意味合いの他に、「キミ（あるいはあなた）、初対面の気がしないんだけど」という、ナンパ向けの意味合いがあります。

Hi！ Oh, aren't you Jack？ No？ I thought you were... Sorry. ★5

「あら、ジャックじゃない？ 違うの？ そうだと思ったんだけど・・・。ごめんなさい」と、人違いを装って声をかけるのもアリですね。その際には、「ジャックって誰？」などと訊かれる可能性がありますから、「以前の英語の先生」だとか、「友達の彼」だとか、答えを用意しておきましょうね。ナンパ、逆ナンは一瞬の出来事ですが、出会いを求めているあなたなら常に下調べが必要です。

Do you teach English by any chance ?★5

英語の先生を捜しているという設定で、
「あなた、ひょっとして英語を教えていませんか？」

もしも相手が語学教師でなくっても、どうせ言い訳なんだから大丈夫。

Do you know somebody who teaches English then ?★5

「じゃあ、誰か英語を教えてくれるひとを知りませんか」
と言って、とにかく相手の連絡先を聞き出しましょう。mail address「メルアド」か電話番号を訊きだせばこっちのもの！

My Catholic nun friend once said, "Finding each other is the first miracle". Go ahead, make a miracle.
（カトリックの修道女である私の友人がかつて言いました。「お互いを見つけることが最初の奇跡なのです」。さあ、奇跡を作ってください。）

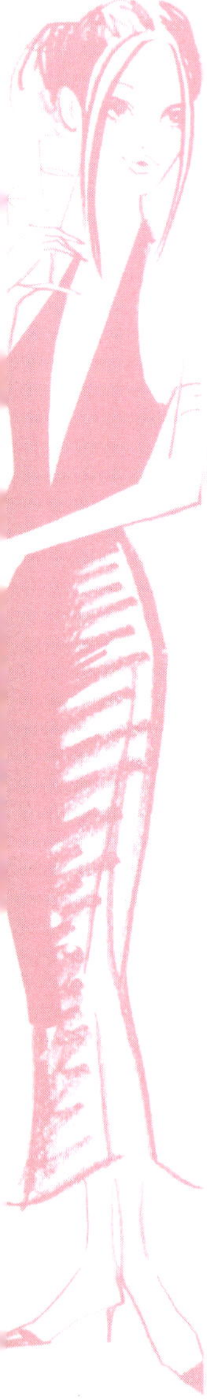

表現には気をつけて

Tips on some tricky expressions.

英語には、基本的には男言葉も女言葉もありません。主に男性が使う表現、主に女性が使う表現というのはわずかに存在しますが、多くはありません。

例を挙げておくと、男性は

Thank you **very** much.「どうもありがとう」
と言い、

女性は
Thank you **so** much.「どうもありがとう」
と言うことが多いようです。

「とても」という意味で使うとき、very の方が男性的で、so の方が女性的だとされています。

また、

You are sweet.

「あなたは優しい」

というときのsweetは、ヘテロセクシュアルの男性は使いません。つまり、「このお菓子は甘い」などという意味でなく、「優しい」という意味でsweetを使う男性は、ホモセクシュアルだと考えてまず間違いはありません。

本書では和訳は主に女言葉で書いてありますが、和訳が女言葉であっても男言葉であっても、特に注がない限り、ユニセックスで使えると理解してください。

yes と no をはっきり

Say yes or no – firmly.

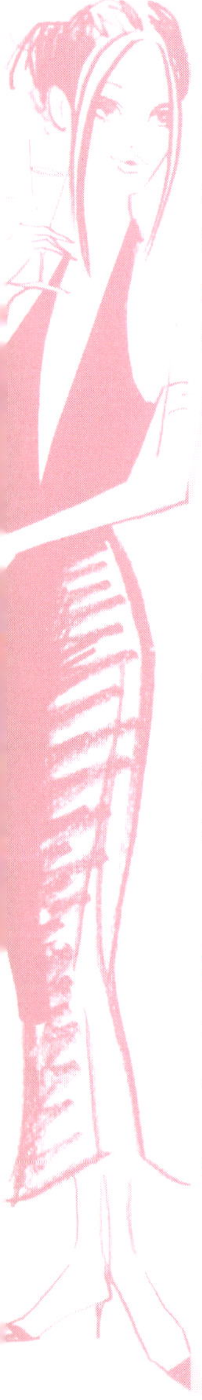

ビジネス英語にも通用することですが、yes と no の答え方は難しいものです。日本では、相手に同意するときに、yes と言い、相手の言うことが間違っていたり、相手に同意しないときに no と言いますが、英語では、肯定文に同意するときに yes と言い、否定文に同意するときに no と言うからです。

と、文章で説明しても分かりづらいので下に例を挙げておきますが、日本語では相手の立場に対して yes か no かを告げ、英語では相手の話の内容に対して yes か no を告げるというのが違いです。

つまり、「明日の会議には出られないのでしょう？」と訊かれたときに、日本語では、相手の言っていること、相手の推測に対して、「ええ（=yes）（あなたの推測は正しいわ）、出られないの」と言い、英語では No, I can't. と答えるわけです。

答え方が難しいので、初心者は、yes、no で答えるのではなく、最低でも Yes, I did. No, she doesn't. のように、文の最後まできちんと答えると間違いが少ないようです。

Yes と no さえはっきり言うことができたら、会話の 70% は上手くいくことでしょう。

「家族はいますか？」と訊かれたら
Do you have a family ?

Do you have a family ?★6

「家族はいますか？」

という質問には注意が必要です。この場合の family には、基本的に自分の両親やきょうだいは含まれないからです。

つまり、「結婚していますか？」、「お子さんはいますか？」と訊かれているのだと理解してください。

したがって、相手に Do you have a family ? と訊ねて、返事が yes だったら、少なくとも妻帯しているということです。不倫が嫌な人は、ソッコーで逃げてください。

逆に Do you have a family ? と訊かれて、「私は孤児じゃないし～」と、ウッカリ yes と答えてしまったらタイヘンです。ロマンスの芽はそこで終わってしまいます。慌てて、

My parents and my little brother !★6

「両親と弟がいます！」

のように弁解しておきましょう（笑）。

Here's a tricky one. Don't forget this expression.
（これは紛らわしい表現ですね。忘れないようにしましょう。）

時間のききかた

How do you ask the time ?

最後に、ナンパとしては私はダサダサだと思うのですが、

Do you have the time ?
「いま何時ですか？」

直訳すると、「時間が分かりますか？」というのも使うひとが多い表現ですね。

ちなみに、中学英語では
What time is it ? あるいは What time is it now ?
と習いましたが、これも「いま何時？」と、知らないひとに話しかけるには不自然なセリフになってしまいます。知らない人に突然、「いま何時？」とは訊ねませんね。やはり、「時間が分かりますか？」、「時計をお持ちですか？」から始めるべきでしょう。私はNYに7年間暮らしましたが、What time is it ? と話しかけられたことは1度もありません。

よく、

Do you have the time ?

と話しかけられたのですが、てっきり「彼女〜、時間ある？」と訊かれたのだと思って、No！と答えて怪訝な顔をされたことがなんどもあります。頭では「時間が分かりますか？」と訊かれたのだと分かっていたのですが、思い出すのに時間がかかってしまって･･･。

あるとき、No！と答えた私の腕に時計があるのを見咎《とが》めた男性に、「だって腕時計してるじゃん」と詰《きつ》問され、ハッと我に返った私が、「ごめんなさい。時間があるかどうか訊かれたのだと思ったんです」と謝ると、「それなら

Do you have time ?

だろ?!」と言われて、恐縮したことがあります。the があるかないかで大違い。

ハイ、ほんとうにそのとおりです。ホント、頭では分かっているんだけど、訊かれるたびに狼狽《ろうばい》してしまいます。

Oh, yes. I don't remember how many times I said no when asked, "Do you have the time ?"

（ええ、まったく、「時間が分かりますか？」と訊かれて、何回「ノー」と答えたことか・・・。）

セレブとのお付き合い

Socializing with the celeb.

セレブとお付き合いしたいと思ったら？ 実際はともかく、「私はこれまでにもずっと、セレブとお付き合いしてきたのよ」というオーラを出すことが秘訣《ひけつ》ではないでしょうか？

慌てず騒がす、というのが、ここ10数年、各界の超一流の方たちと交流してきて私が掴んだ秘訣です。

スターや有名人は、誉《ほ》め言葉やお世辞には飽き飽きしているかも知れません。人によっては態度を変えた方が有効です。いずれにせよ、「キャー!! キャー!!」と騒いでしまうと、「ファンとスター」の関係になってしまって、決してその域を出ることはありませんし、相手もウンザリするだけかと思います。冷静に（でも心の底から）、「あなたのファンです」、「あなたのあの作品はすばらしいと思います」と、伝えて、それで相手に時間や気持ちの余裕があって、あなたを気に入ってくれたなら、会話が始まらないとも限りません。

相手がワールドクラスのお金持ちだったり、著名人だったりした場合も同様。目の色を変えてはいけません。目の色を変えた時点で、「玉の輿《こし》狙い」がバレバレです。相手は色仕掛けで玉の輿や自分のお金を狙ってくる女性には辟易《へきえき》しているはず。あるいは自分の価値をよく知っているので、「据え膳食わぬは男の恥」とばかりに利用されて終わるのがオチです。

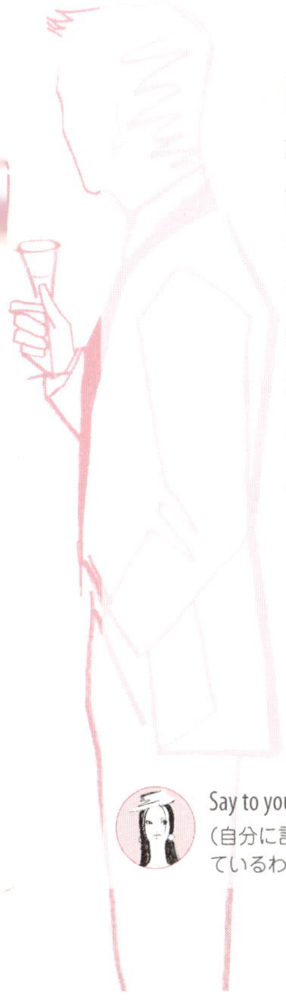

「目の色を変えない」というのは、対等な人間としてお付き合いを始めるための第一歩。総理大臣や外務大臣のアテンドをしていて最初に気がついたのは、彼らにはヨイショをしなくてもいいということでした。周囲におべっか使いが多いのでしょうか。もちろん最低限の敬意は表さなければなりませんが、過剰な謙遜《けんそん》や過剰に丁寧な応対はまったく不必要。気さくに親しみを込めて接した方がはるかに喜ばれました。

Say to yourself, "I've been doing this all my life". Say it until you believe it !!
(自分に言い聞かせてみましょう。"これくらい、生まれたときからずっとやっているわ"。自分で信じ込んでしまうまで言い続けてみてください。)

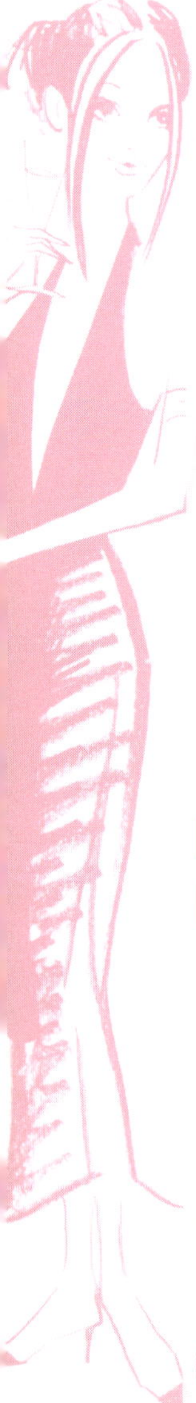

敬意を示せば十分

You don't have to do much more than to show respect.

仕事で、あるいはプライベートで、「Your excellency」（＝閣下）とお呼びするべき大使級の外交官などと接する機会も多かったのですが、ファースト・ネームで呼ぶように言われたら素直に従っていました。だって、お互い同じ人間です。雲の上の存在であればあるほど、雲の上の人扱いされることを喜ぶ人は少ないようです。特別扱いに慣れているひとを特別扱いしても、なんの印象も残りません。敬意を示しつつフレンドリーに接してみてください。必ずや印象に残るはずです。

電車のなかや道ではちょっと声をかけづらいですが、もしも仕事関係や展示会、趣味の集まりやバーなどで好みのひとを見かけたら？

Hi, my name is Emi. I'd love to get to know you.★7

「こんにちは。私の名前はエミといいます。
あなたとお近づきになりたいです」

と大きな声をかけ、右手を差し出してみてください。たいていの欧米人なら名乗り返してくれ、握手してくれるはず。あなたに（あるいは女性に）興味がなくても、失礼な応対はしないはずです。

Again, go ahead and make a miracle. What would you lose if you failed ?
（もう一度言います。勇気を出して奇跡を作ってください。うまく行かなかったからと言って、失うものはないですよ。）

相手がセレブであっても

Even if he's a celeb.

相手が有名人であっても、億万長者であっても、最高位の政治家や官僚であっても、基本的には同じです。

前述の、

Hi, my name is Emi. I'd love to get to know you.

「こんにちは。私の名前はエミといいます。
あなたとお近づきになりたいです」。

あるいは

Hi, my name is Emi. I'm a big fan of yours. ★7

「こんにちは。私の名前はエミといいます。
あなたの大ファンです」

もしも相手が映画スターなら、「あなたの○○を拝見しました」。ロック・スターなら、「あなたの××という曲がいちばん好きです」などと会話を続ければよいのです。そのときの言い方としては、

I saw your movie ～ .

「あなたの映画、○○を拝見しました」

I admire your song ～ .

「あなたの歌、××を賞賛します」

など。

展覧会や美術館での出会いはチャンス

An exhibition or a museum is a great place to meet people.

You've been looking at that painting for such a long time. You must really like it. ★8

「さっきからその絵、ずっと見てらっしゃいますね。
よほど気に入ったのね」
などと、自然に声をかけてみてください。

まず、声をかけるのには成功し、相手はあなたに興味を示してくれました。そこから先に駒を進めるには・・・？ これこそ状況次第ですが、２～３例を示しておきます。

Would you like to have a cup of coffee with me? There's a Starbucks across the corner. ★8

「すぐそこにスターバックスがあるんだけど、私といっしょにコーヒーを一杯いかがですか？」

Do you feel like having dinner with me ? ★8

「私といっしょに夕食を食べたくないですか？」

Do you feel like having a drink with me ? ★8

「私といっしょに一杯飲みにいかない？」

お茶に誘う以外にナンパの典型といえば映画なんですかね？

Would you like to go see a movie with me ? ★8

「私といっしょに映画を見にいきませんか？」

さらにいいのは、

Is there a video you would like to see ? ★8

「なにか見たいビデオはありませんか？」

ビデオ・クラブの会員になっていないガイジンもいるし、ビデオなら自分の家にさりげなく誘えるし、自宅に誘いたいときに奥の手として。一石二鳥かも。

Above are some samples. Why don't you practice and prepare for your chance ? Are you ready ? Repeat after me !
（上記はいくつかのサンプルです。普段から練習して、イザというときに備えましょう。用意はいいですか？では、私についてリピートしてください。）

セレブ用語辞典 (2)　Lesson 2 出会い

★ここまでで解説が必要な言葉をあげておきます。

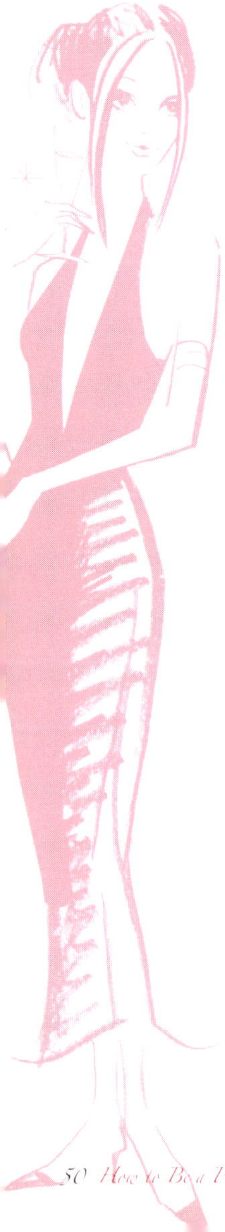

アナスタシア

歌手。シカゴ生まれ、NY 育ち。2000 年にアルバム「ノット・ザット・カインド」でデビュー。2002 年の「フリーク・オブ・ネイチャー」によりその急上昇の人気を決定的なものにした彼女は、これまでに全世界で 2000 万枚のアルバムを売り上げるという驚異的な記録を残す。

ヘテロセクシャル

同性愛者（ホモセクシャル）に対して、ふつうに異性を愛する人のことを指す言葉。

玉の輿

玉の輿とは、身分の高い人などが乗るおみこしのこと。そこから女性が結婚などによって地位などを高めること。

据え膳食わぬは男の恥

女性を目の前にしてベッドに誘わないのは恥であるという意味。

アテンド

アテンドは attend という動詞。付き添う、世話をするという意味だが、ここでは要人・貴人に対して使っている。

デートを前に

Lesson 3

Before the Date

How to be a precious lady

高《た》価《か》い女に見られること

Look expensive.

最初のデートではなにを着たらいいのでしょう？ 私の場合、相手が大物外交官だったときには、日本に旅行中に会ったということもあり、ほとんどいつもレザーを着ていました。というのも、レザーは皺になりにくく汚れにくいので、洗濯やドライクリーニングに出す心配が要らないというのがいちばんの理由です（にっこり）。

私をひと目見た彼の最初のセリフは、

Your husband **must be rich!**

「ご主人はお金持ちなんだろうね！」

でした（笑）。

それはともかく、「高価（たか）い女」に見られて損はありません。むしろ、高価い女に見られることを目標にしましょう。男性と交際するときに、相手になにを望むかは千差万別かとは思いますが、**相手から金銭や高価なプレゼントを望むならなおさら、そうでなくてもそれなりに、とにかく高価く見られることが大切です。**

安価（やす）い女はまず近寄ってすらもらえないと思いますし、**安価い女にお金や手間をかける男はいません。**

反対に、現在の恋人はシリコン・バレーのIT長者（天才です）なので、土地柄と職業柄、服装はカジュアルなタイプ。リゾート地ならいざ知らず、デートする場所によってはあまりカジュアルなのは禁物ですが、彼が私より年長である点などを考えて、わたし的にはかなりチープ・シックな装いにしています。（年長の男性が年下の女性を連れ歩くときには、あまり地味な格好はしてもらいたくないようです。せっかく若いんだから、周囲から浮かないていどに可愛らしい服装をして欲しいと切望しているようですよ。）

Well, anticipation is the best part for many of us. I truly enjoy agonizing over what I should wear !
（私たちの多くにとって、デート前のワクワク気分よりもドキドキすることはありません。私の場合、何を着ていこうかしらと悩み苦しむのが、大好きです！）

自分のスタイルを確立すること

Have your own style.

エリートの欧米人が好む服装については第1章で触れておきました。さらに2～3、付け加えるとしたら？　それは、やはり「自分のスタイルを確立すること」ではないかと思います。

私のライフ・スタイルにもファッション・スタイルにも合わないことから、私はここ10年くらいジーンズは1本も持っていません。履《は》く機会も習慣もないことから、スニーカーも持っていなかったのですが、最近、1足革製のものを買いました。ハイテクのゴツいモデルではないので、スニーカーというよりは、ウォーキング・シューズですが。

皮革製品や毛皮、本物の宝石に、チープ・シックな安いものも合わせるのが私のスタイル。私が持っているたいていのカット・ソーは、日本円に換算して3000円でお釣りがきます。

帽子が好きなので、前述のミンクの帽子からフェイクの毛皮風帽子、黒のレザーや夏の麦藁《むぎわら》帽子など、いくつ持っていてもまた欲しくなります。今度はベレーが欲しいです。

Have you got your style ? Well, I have! Regarding the definition of "style", I highly recommend "PRINCES, PLAYBOYS, & HIGH-CLASS TARTS (Theodoracopulos, Taki)" known as "High Life" written by Taki.
（あなたは"自分のスタイル"を持っていますか？私は持っていますとも！"スタイル"という語の定義については、タキ著の「ハイ・ライフ ― 上流社会をめぐるコラム集」を自信を持ってお薦めします。ぜひご一読を！）

かわいらしい服装

On girlish clothing.

可愛らしい服装とはいっても、限度があります。後で詳しく述べますが、デートの初日には「リボンがついているか？」をチェック・ポイントにしましょう。リボンやフリルなど、girlish《ガーリッシュ》な服装は極力避けるのが正解。そういうキャラの人以外は、**「オトナっぽく、シックに」まとめた方が好感度が高いです。**

私はロエベのレザーをこよなく愛しますが、マンゴやH&Mのキュートな安い服も大好き。ミラノのマダムたちだって、アルマーニやプラダにZARAを合わせて着ているではありませんか。その際に大切なのは、全身チープにしないこと。未成年は別としても、いいオトナが全身チープというのは、痛々しくて見ていられません。

高価なアイテムにチープなアイテムでアクセントをつけるくらいの気持ちでコーディネートすると間違いも少なく、**遊び心があってなおかつ知性と余裕を感じさせる装いが完成するはず。**

Many mature gentlemen prefer clothes without ribbons !
（紳士はリボンがついた服がお好きではないようですよ。）

一点豪華主義の罠

Wearing only one luxurious item is not acceptable.

日本人がよくおかす間違いに「一点豪華主義」があります。まだ若い女性がブランドのバッグを持っていたりするのは、欧米人の目には奇異に映るようです。ケリーやバーキンをポロシャツに合わせたりするのはちょっと・・・。

欧米では、「エルメスの鞄《かばん》」というのは、その、「50万円なり100万円なりの代金が払えるから」買っていいという代物ではなく、「エルメスの100万円の鞄に合わせたライフスタイルをアフォードできる」（only if you can afford the life style of a one-million yen Hermes bag）ときにのみ、買うことが許される代物なのです。早い話が、「**自分でバスタブを洗っているうちは、エルメスのショップに近寄るなんてお門違い**」ということです。

「鞄1点だけ、洋服1点だけ豪華であとは釣り合いが取れていない」というのは、欧米においてはむしろマナー違反。同じお金を遣うなら、「1点だけ超豪華であとは安物」にするのではなく、「全部、中の上くらい」で揃えるのがマナーです。

その上で、プライオリティをつけます。

もう古典になってしまいましたが、『羊たちの沈黙』で、クラリスがレクター博士に初めて会ったとき、「鞄は高価だけど靴は安物。キミは田舎者だね」とプロファイリングされていました。

一点豪華主義はダメ。「身につけるものはそれなりによいものをと言われても、私にはそんなにお金がないわ」と、思っているあなた。誰でも収入は有限です。洋服やアクセサリーに好きなだけお金をかけられるひとなんて、全人口の 1% もいないでしょう。だから、プライオリティを決めるのです。

後で詳しく書きますが、他にやりたいことがあって、そちらを優先したい場合には、洋服のプライオリティなんて下でも構いません。そのときには、安物が安っぽく見えないようにベーシックなデザインを選んだり、普段からのお手入れに気を配ったりすればよいのです。

靴は高価いものを、鞄は安くてもOK

Shoes must be expensive, bags could be cheap.

私と似たようなソシオーエコノミック・レベルの女性たちと私を比べた場合。彼女達が持っていて、私が持っていないものがいくつかあります。まず、都市部に住んでいるのでクルマが要らないため、自分用のクルマは持っていません。そして、ブランド物のバッグ。

私は結婚しているので、自分で生活費を稼ぐ必要はないのですが、家庭を優先しながら、なおかつ翻訳やその他の仕事をしています。洋服やアクセサリーは大好きですが、自分の収入の範囲で、自分の力に見合ったものを買うのが好き。一生着られる毛皮のコートや高級時計などは夫に買ってもらいますが（夫の妻として相応しい服装をするのは、私の義務であり「仕事」でもありますので）、それ以外はできるだけ自分のお金でやりくりしたいタイプ。

そうなると、ブランドの鞄をコレクションするまでは手が廻りません。また、「秘すれば花」で、自慢するつもりはありませんが、ここ10数年、自分達で選んだチャリティ団体に寄付を続けています。その分のお金を貯金していれば、エルメスでもルイ・ヴィトンでも、好きな鞄がいくつか買えたはず。つまり、私にとってブランドの鞄というのはプライオリティが高くないというだけのことなのでしょう。

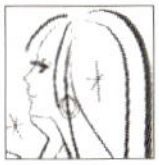

それに、レザーの重いバッグは肩が凝るので、私にとっては実用的ではありません。代わりに、布や合成素材のトート・バッグを愛用しています。モロッコ製で刺繍入りの、肩にかけるデザインのシルク製のものだとか、H&M やマークス＆スペンサーで売っている、ビニール製の黒の縦長トート・バッグだとか。当地では革製品が安く、しかも質がよいので、ノー・ブランドの革の鞄もいくつか持っていますが。

パーティのときには、こちらでよく売られている、小ぶりで美しい布やビーズのバッグを愛用しています。ファッションの基本は、なんと言ってもTPOなので、ホテルのパーティにご招待されたら、重い荷物はクロークに預けるのが鉄則。手持ちの荷物は必要最低限にまとめましょう。特別な場所に引越し荷物のようなバッグを持ち歩くのは反則。**パーティに限らず、荷物が多すぎる女性は頭が悪そうに見えます。**クロークやコイン・ロッカーを上手に利用しましょう。

靴の私流の選び方

My way of choosing the right shoes.

限られた予算のなかでも、私は靴にかけるお金は惜しみません。靴さえ上等なものを履いていれば、鞄は質素でも安く見られることはありません。私は革や裏革（＝スエード）が好きで、いくつか揃えています。けれども、選ぶときのいちばんの基準は履いていてラクかどうか。足にフィットしないものは、どんなにデザインが気に入っても絶対に購入しません。健康はまず足から。**サイズの合わない靴をムリして履くのは、百害あって一利なしです。**

また、靴というのは多少値段がはっても質のいいものを買い、踵《かかと》や靴底はなんども張り替えて履きつづけるのが正解。使い捨てではないのです。アクセサリーも同様で、安いものを使い捨てるのではなく、マメにクリーニングや修理をしながら、長く愛用するのが正解です。

ハイ・ヒールについて
On high heels.

ハイ・ヒールは苦手なのでほとんど持っていないし、持っているものもめったに履きません。自分の身長にコンプレックスがある男性を除いては、ハイ・ヒールがキライな男性というのは存在しないようですが、ムリをしていつもいつも履く必要はないはず。

私がデートのときに履くとしたら、「痛くなるから、2～3時間しか履けないの。2～3時間経ったら家に送って帰ってくださる？」、あるいは、「2～3時間経ったら靴を脱いでも構わないところに連れていってくださる？」と甘えてみるとよいと思います。

I'm not a big fan of high heels. But most gentlemen love them. I can wear them to live their fantasy every now and then. It's up to me!
（ハイ・ヒールは個人的には好きではありあせん。でも、ほとんどの紳士は大好きなようですね。彼らのファンタジーを叶えるためにたまに履くことはありますね。・・・決めるのは私です！）

指輪はするなら高価なものを

If you want to wear a ring, make sure it is expensive.

結婚も婚約もしていないのに、左手の薬指に指輪をはめるのは男性運を下げます。私自身は結婚しているし、初対面の男性にも夫と子供がいる旨をすぐに伝えますが、もちろんそれでも言い寄ってくる男性はいます。左手の薬指の指輪は、「男除《よ》け」にすらなりません。結婚もしていないのに、特定のパートナーを連想させる指に指輪をはめるのはあらゆる意味でマイナスです。

しかもその指輪がキュービック・ジルコニアだったりしたら、目も当てられません。指輪だけは高価なものをすることをお薦めします。私はポリシーとして、恋人と逢うときにもダイアモンドの結婚指輪は外しません。私が欲しかったなら、「＜マダム・ロセス＞としての私を抱きなさい」というメッセージです。

反対に、 イヤリングやピアス、ネックレスやブレスレットは、フェイクを取り入れてみるのもいいかも知れません。アクセサリーには流行がありますし、いつもいつも本物のいい石を身に着けようと思ったら、かなり散財するか「着たきりスズメ」で終わってしまう可能性が高いからです。

時計も、中堅どころを３〜４本そろえるくらいなら、高級と呼ばれるものを１本、電池が切れたときなどの保険にスウォッチの安いのを１本で充分ではないでしょうか？

I LOVE sexy lingerie. I do not know any gentleman who doesn't! Do you?
（私はセクシー・ランジェリーが大好き！また、好きでない紳士を存じ上げません。あなたはどなたかご存知？）

セクシー・ランジェリーについて

On sexy lingerie.

セクシー・ランジェリーにフェティシズムを感じる男性というのは多いですね。でも、デートの初日からガーター・ベルト付きのストッキングというのはもしかしたらやり過ぎかも。私の場合、普段からパンティ・ストッキング（英語では一般的に pantyhose《パンティホーズ》）は履きませんから、最初のデートにも、サイ・ハイ（thigh high）と呼ばれる、太腿《もも》のところにシリコンがついたストッキングか、ガーター・ベルトで留めるストッキングしか履きません。

黒のランジェリーというのもセクシーな物の代表格ですが、同様に、最初のデートから身につけていくと誤解を与えたり、びっくりさせたりすることもあるかも。清純なイメージを出したいなら、最初のうちは白やピンク、水色くらいが無難かも。そういうキャラで売る人は、赤でも黒でも構いません。アウターに響かないということで、ベージュの下着は便利で安心ですが、デートには向きません。チョコレート・ブラウンは別として、肌色系統は色を選ぶのが難しいですね。

かといって、世界でいちばんアンセクシーなのはスポーツ・タイプの下着ですね。よく、恋人と別れたいとき、デートの相手とベッドに行きたくないときにはヨレヨレの下着を着けていきなさいと言いますが、ヨレヨレの下着よりもさらにいいのはベージュのおばさん下着でしょう。ベージュのおばさん下着よりもさらにいいのは、スポーツ・タイプの下着でしょう。最強です。

セクシーなブラウスを脱がしてみると、そこにはスポーツ・ブラが・・・。勃《た》ってるモノも萎《な》えさせる効果があります。別れたい男性と会うときには、スポーツ・タイプの下着がお薦めです。イメージでいうと、エアロビの衣装。中学生が着るようなスヌーピーなどのキャラクター物も萎える率が高いです。

ガーター・ベルトと並んで最強のアイテムはコルセット。コルセットにストッキングを留めるガーターが付いているものなど、天下無敵ですね。地味な下着が好きなあなたも、彼に頼まれたらたまにはセクシー・ランジェリーを着てあげるといいかも。

少女趣味について

On a girlish taste.

少女趣味な服装というのは、人種や国籍を問わず、苦手な男性が多いようです。アジア系（特に東洋系）ならびに日本人は、女性の少女趣味に対してまだ寛容な方ですね。国を挙げて「可愛いもの好き」な国民ですし、日本人男性の大半はロリコンですし。

日本人男性のロリコン好き、歪《ゆが》んだセックス観に触れるにつれて、ヨーロッパに住んでいてよかった、欧米の男性と恋愛してきてよかった、と心の底から感じます。アメリカでも、若さがもてはやされる（=youth《ユース》 obsessed《オブセスト》）の傾向はありますが、日本と比べるとはるかに柔軟性がありますね。法で厳しく罰せられるということもあり、チャイルド・ポルノは一般では見かけません（その分アンダー・グラウンドにもぐっているだけなのかも知れませんが、私はそこまでは把握しきれていません）。

承諾年齢に達していない未成年と性交渉を持つと、即座に強姦とみなされて刑務所に入れられてしまいます。淫行条例違反で捕まるのとは比べ物にならないくらい思い刑罰が科せられ、社会的にも破滅してしまいます。

話がズレましたが、ロリコンの欧米人男性というのはあまり見かけません。臨床検査技師をしているヨーロッパ人女性に日本の援交（teen-age《ティーンネイジ》 prostitution《プロスティテューション》）を説明していたときのこと。「13～4歳くらいの女の子を中年のサラリーマンが買うのよ」。「20～30歳も年の違う女の子と付き合ってなにが楽しいの？ 共通の話題なんかないでしょう？ それじゃあ、**セックスだけじゃない**?!」。「そうよ。**セックスだけなのよ**。彼らが彼女たちに求めるものなんて、他になにかある？」といった調子で、会話になりませんでした。

日本の男性は精神的に未熟だから、自分よりもはるかに若い、経験の浅い女の子と付き合いたがる人が多いようですね。「女」というのは、いくらでも甘えられる年上の女性（＝母親）か、娘くらい年の離れた若い女の子しか要らないみたいです。日本には恋愛適齢期の、優秀で魅力に溢れた女性がたくさんいるのに、もったいない話です。

リボンにフリルは悪趣味

No ribbons or frills, please.

やっと本論に入りますが、日本人男性の大半がロリコンである限り、世界レベルで見ても賢い日本人女性は、自分で意識してか無意識か、girlish な服装に走ります。

というより、世界中どこを捜しても、既婚女性向けのブランドにリボンやフリルが満載なんていう先進国は他にありません。

「リボンにフリル」の日本人のテイストにいちばん近いのは、イギリスかも知れません。ハロッズの洋服もそうですが、ローラ・アシュレイを想像していただくと分かりやすいかも。イギリス人のレディーの多くが（年齢が上であればあるほど）、高くて可愛らしい作り声で話すということと考え合わせると、興味は尽きません。いずれにしても、かの国の男性もだいぶお疲れの様子。

すでに書いたとおり、**デートにはとりあえずはリボンのついていない服を着て臨みましょう。**

ペディキュアについて

On pedicure.

なにはおいても、私がデートの前にすることは、美容院の予約を入れることです。膝から下のワックスによる脱毛と、ペディキュアだけは欠かしません。私は年に数えるほどしかデートをしないので、メイクもお願いすることも。

けれども、普通の男性は、メイクには気がつかなくても、ペディキュアには気がつくようです。日本ではネイル・サロンもたくさんありますし、私のような不器用さんは利用するといいかも。欧米でも、ペディキュアは 20 ドル〜、20 ユーロ〜くらいでやってもらえますので、利用する価値あり。マニキュアと違ってペディキュアは 10 日以上もちますし、とにかくコスト・パフォーマンスが高いです。

このときに選ぶ色は絶対に深紅がお薦め。ベージュや淡いピンク、シルバーなどでは男性に気づいてもらえません。**深紅に塗られた足の指というのは、欧米人男性が「セクシー」を感じるポイントのベスト 3 には入るようです。**大きな胸やくびれのあるウエスト、形のいいお尻よりもポイントが高いのです（大きな胸は 20 ドルでは手に入りませんし）。

歯並びはキレイじゃないとダメ

Your teeth must be straight.

遊びだろうが、本気だろうが、欧米人が好むタイプ，これだけは敬遠するだろうなというタイプは存在します。男性も例外ではありません。ビジネスの場でも同様です。具体的に言うと・・・。**歯並びはキレイじゃないとダメ。**

今世紀に入ってから日本ではプチ整形も含めて整形が盛んですが、一重まぶたを二重にする手術をするお金があったら、歯並びを直すことをお勧めします。まあ、昔から中国でも「明眸皓歯《めいぼうこうし》」（澄んだ瞳と白い歯）は美人の条件と言いますが、欧米では、歯並びの悪いひとはぜったいにセレブにはなれません。玉の輿にも乗れないし、キャスターやモデルにもなれません（例外は、サッカー選手くらいでしょうか？）。もちろん、女性だけでなく男性も同じです。

歯列矯正は地道にやると時間がかかるし、外科手術的にラミエート・ベニヤを使う処置などはたいへんな費用がかかるけれど、将来外国で活躍したいと考えているひと、玉の輿狙いのひとは歯並びを直しておいてください。**エルメスやルイ・ヴィトンのバッグなんてもっていなくても玉の輿には乗れるけれど、歯並びがガタガタでは可能性はゼロに近くなってしまいます。**（あなたに惚れこんだ婚約者が治療費を出してくれるというなら話は別ですが・・・。）

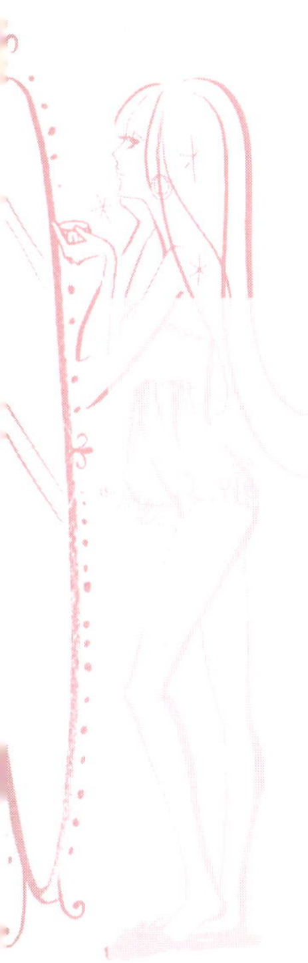

いまでは信じられないけれど、私が中・高校生だった頃（20数年前）までは、「八重歯がないとスターになれない」と言われていました。10数年の外国生活を送っている現在、日本人の顔を見ると、まず歯並びに目がいってしまいます。キレイで整った顔をしていても、歯並びがガタガタなのを見ると、スーッと気持ちが冷めてしまいます。男性でも女性でもそうです。「もったいないな、もったいないな」と思ってしまって、最初のうちは会話に集中できないほど。

実は私も、八重歯というのか、その隣の歯が少し引っ込んでいるのがコンプレックスでした。それ以外の歯は、まあまず真っ直ぐだったので、なおさら悔しい思いをしていました。夫はヨーロッパ人で、アメリカ人ほど歯並びは気にしませんでしたが、八重歯が不思議だったらしく、たまにからかわれました。（愛情を込めて、ですが）

キレイな歯は値打ちモノ

Your teeth must be straight.

そこで、結婚して、子供が生まれて、子供がかなり大きくなった37歳の冬に差し歯にしました。費用はなんとか納得できる範囲だったのですが、こんどは口臭が気になるようになりました！まあ、こまめに歯磨きすればすむことだし、その方が虫歯にもなりにくくていいのかも知れないけれど・・・。アメリカの審美歯科は世界の最先端を行っているので、アメリカにいたときに治しておけばよかったと思います。けれでも、歯並びを直したこと自体はよかったと思っています。**タバコを吸うひとは、歯が黄ばんだり黒ずんだりしやすいと思うので、美容のためにも止めた方がいいですね。**

キレイな歯の値打ちは、**特にアメリカでは絶対的**。素人モデルを含めて、7年間のNY生活で、歯並びの悪い人が雑誌に載っているのを見たのはたったの1度だけ（ドキュメンタリーやニュースは除きます）。そのひとりは東洋系でしたが、1本だけ曲がった歯があっただけ。また、「セブンティーン」などの老舗でなく、安い少女向け雑誌を以前に定期購読していた女性が教えてくれましたが、安い少女向け雑誌のモデルは、全員歯を矯正中で、ブレイシズ（braces）を付けていた、ということです。

エステやプチ整形も決して否定しませんが、同じお金を遣うなら、歯にかけることをお薦めします。日本の歯科技術は欧米に比べて20年は遅れているようです。日本では金属で穴を埋めたりしますが、欧米では金属の詰め物・冠せ物（かぶせもの）は一般的ではありません。珍しいので、担当以外の歯科医や衛生士も見学に来たりします。

「金歯が上品」、「金歯がゴージャス」と言われていた昔の日本がウソのようですね。あのマドンナでさえ、前歯を金歯にしたときには非難ごうごう。すぐに止めていました。トレンドにすることはできませんでした。欧米のバカ高い治療費を思えば、保険の範囲で治療してくれる日本の制度も悪くないのかも知れませんが、欧米でトップの階層に行きたい方、玉の輿狙いの方は、金属の詰め物·冠せ物は避け、ポーセリンの差し歯を使ってくれる歯科医を捜しましょう。口を開けたときに金属が見えるというのは望ましくありません。将来外国で活躍する予定の人はなおさらです。

Porcelain crowns and bridges can be so expensive – but think this way. It's money well spent !
（確かにポーセリンのクラウンは高いですが、投資だと思ってくださいね。）

歯は定期クリーニング

Get a periodical dental cleaning.

かく言う私も、歯並びは差し歯（bridge《ブリッジ》）で治しましたが、まだ１つ金属のブリッジが残っています。かかりつけの歯科医は、私が来院するたびに嬉しそうに「ポーセリンに替えようよ」と薦めます。普通の人の月収くらいはかかり、保険が利かないので、お金が入ったら考えます。ポーセリンのブリッジは半永久的に保ちますが、金属のブリッジは金属疲労を起こしたり、10～15年の寿命のようです。

NYに住んでいたときには、半年に一度クリーニングと定期検診を受けるように言われていました。年に１度のクリーニングは保険でカバーされていました。クリーニングしてもらうと気持ちがいいですし（施術中は痛かったり不快だったりしますが）、清潔になります。マストです。

歯ブラシで磨くだけでなく、デンタル・フロスや歯間ブラシも使いましょう。正しい使い方は歯科医院で教えてもらえます。

A good friend of mine is a dentist; she recommends tiny, teeny brushes for between the teeth.

（学生時代の友人が歯科医院を経営しています。歯間ブラシは、極細サイズのものがいいと教えてもらいました。）

アップトークは止めて

No up-talk, please.

アップトークは止めましょう。たまに日本のニュースなどで、女性の銀行員やデパートの店員が話しているのを聞くと、虫唾《むしず》が走ることがあります。日本人の声は高すぎ。生まれつきそういう声しか出ないひとはまだしも、みんな作りすぎ。

後でコラムの欄でも触れますが、女性の声が甲高い国というのは、女性の地位の低い国ではないかと踏んでいます。というのは、甲高い声というのは幼児の声であって、日本の場合、幼児の声をオトナの女性がシミュレーションしているのです。

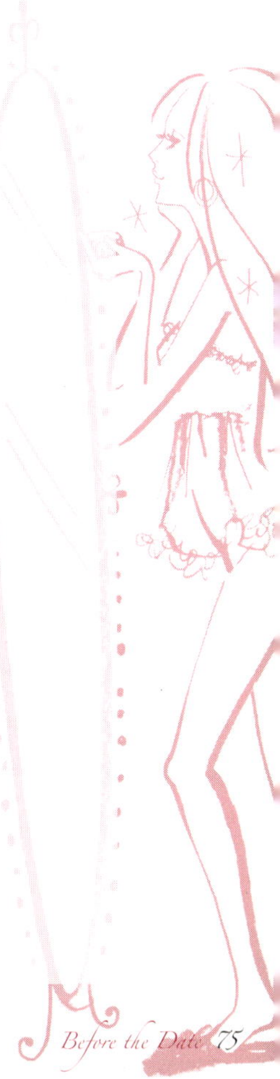

“女性が男性の前で子供っぽくふるまうのは、年齢とは無関係に女性によく見られる傾向ですが、それは、女性がなにか失敗をしても許してもらえる、非常に有効な手段です。「私は子供だ。何も知らない。だから見過ごしてね。罰則を科さないでね」ということです”

「女の人生すごろく」―― 小倉千加子著

もっと落ち着いた低い声で、テンション低く話してみてください。日本語でも英語でもどちらでもいいから。それだけで、あなたに寄ってくる男性は増えるはずだし、その質も上がるはず。

日本人で日本語に訛りがあるひとは最近見かけなくなりましたが、欧米人で自国語に訛りがあると、絶対に、ぜったいに上にはいけません。日本人の英語にアクセントがあるのはむしろ自然なことなので構いませんが、英語にアクセントのある英米人の末路というのは悲惨です。

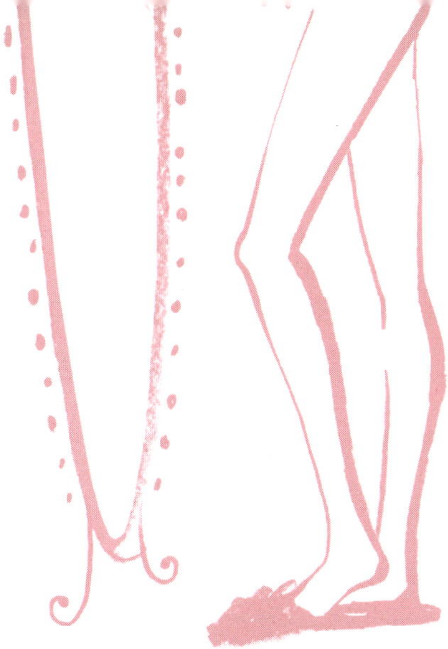

私が考える「日本人女性が目指すべき英語」はこれです。KopyKat さんという女性が主催していらっしゃる「もっとイディオム」という音声付のブログです。

“バイリンガル翻訳者が画像と音声でお届けする英語イディオム学習サイト”
低くて落ち着いた、アメリカ人好みの話し方はコレです。ぜひいちど研究なさってみてください。

http://kopykat.seesaa.net/

話し方が女性の価値を決める

Your value will be judged by your speech pattern.

NYの信託銀行で働いていたときに、とてもキレイなアメリカ人女性がいました。年は20代半ば。金髪に近いブラウンの髪で、目も青。身長は165 cmかそれよりわずかに高いくらい。痩せ型。いかにも日本人が好みそうな顔立ちにプロポーション・・・。おとなしそうな、お人形のような整った顔立ちで、「日本でデビューすれば売れるのにな・・・」と、想像を掻きたてられていましたが、哀しいかな、ブルックリン訛《なま》りだったのでした。

どんなにキレイでもブルックリン訛りでは、絶対に玉の輿には乗れません・・・。知性を感じさせる話し方以前に、訛りがあったらアウトなのです。メラニー・グリフィス主演の『ワーキング・ガール』の主人公がいっしょうけんめい訛り矯正に努めていたのを覚えていらっしゃるでしょうか？

少し話は逸れますが、その彼女は気立てもよくて、駐在員がランチに誘うことなどもあったのですが、１度誘っても２度目はありませんでした。というのは、「彼女、いいレストランに行ったことないみたいで、注文の仕方とかマナーとか、知らないみたいなんだよね・・・」。欧米はまだまだクラス社会。話し方や話す内容はもちろん、マナーやエチケットも完璧でなければ、絶対にぜったいに上にはいけません。

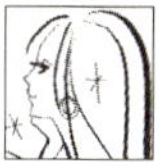

いまの日本では、「山出し」と呼ばれるような若い女性は捜しても見つからないですね。日本人は全体的に教育水準も教養も高いし、マナーもいいようです。情報の量も違うのかも知れませんね。欧米で、いまさら「レストランでの注文の仕方」、「テーブル・マナー」なんて、紹介してる記事を見たことないし・・・。家庭で教わらなければ、一生教わる機会はないかも知れませんね。日本には「フィニッシング・スクール」さえあるし、お金さえ出せばいくらでも習えるようですが。

日本では美人にさえ生まれれば、少々育ちが悪かろうが玉の輿に乗るのはそれほど難しくないですが、欧米ではなかなか・・・。せっかく日本人に生まれるという僥倖《ぎょうこう》に恵まれたのですから、せめてアップトークには気をつけて、落ち着いた話し方を心がけてみてください。話し方を変えるのは、話す内容を変えるよりはだんぜん易《やさ》しいはず。それだけでグンとポイントが上がりますよ。

The benefits of being Japanese are countless; you can get information to climb up in the society if you wish. It's much easier, in my opinion, compared to the States or to Europe...

(日本人であることの恩恵や特典は計り知れません。(日本では) 玉の輿に乗りたければそのための情報も入手可能です。私の意見では、合衆国やヨーロッパでよりずっと簡単だと思われます。)

姿勢を正しく

Keep a good posture.

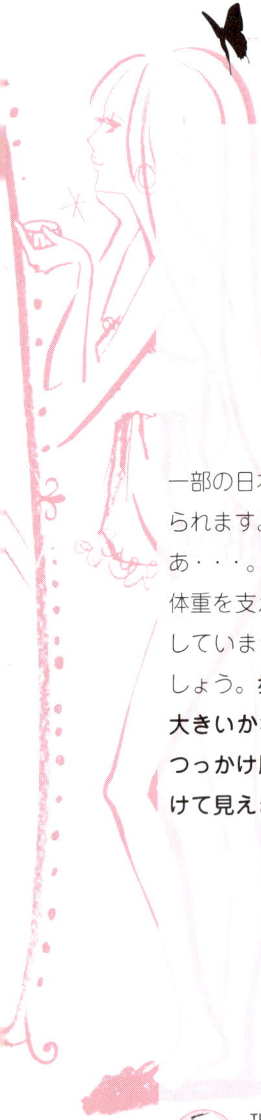

もう、とにかくこれだけは今すぐ試してみてください。老若男女を問わず、今すぐに。「姿勢が悪いよ」、「背中が曲がってるよ」と言われたことはありませんか？不自然に内股で歩いていませんか？欧米では、外股で歩くのが標準。特に日本舞踊などを習っているひと以外は、背筋を伸ばして、まっすぐに歩いてみてください。男性も同様です。

一部の日本人の姿勢の悪さ、歩き方の貧弱さには心底がっかりさせられます。どんなにキレイでも立ち姿ひとつ決まっていないんじゃあ・・・。骨がしっかりしていて、適当に筋肉がついていなければ、体重を支えきれません。猫背になったり、骨盤を前に突き出したりしていませんか？脊柱が曲がると万病の元です。背筋を伸ばしましょう。**歩くときには視線を落とさず、少し前方に目をやり、多少大きいかなと思われるくらいの歩幅で力強く歩いてみてください。つっかけ履きで小走りだけは止めてくださいね。確実に10歳は老けて見えます。**

地球の重力に逆らう、というか、ダラダラしないことを心がけてみてください。**姿勢に惚れさせるくらいの気持ちで歩くといいかも。**

The single most important thing is your posture. Stand up and walk tall.
（とにかくいちばん大切なのはよい姿勢です。背筋を伸ばして、背が高く見えるように歩いてみてください）

Open mindで気後れしないこと

Be open-minded. Don't feel awkward.

日本在住の欧米人は駐在人が多く、住宅手当が潤沢なため、いいところに住んでいるひとが多いですね。エグゼクティブであれば収入も多く、高級なレストランやクラブ、ホテルなどに通いなれているひとも。また、エスコートなしではちょっと気がひける「ガイジンの溜まり場」に連れて行ってもらうのも醍醐《だいご》味ですね。

では、そういったときの心構えを・・・。

まず、デートに限らず、いちばん大切なのはopen mind（開かれた心）。どんな場所に連れていかれても、open mindでいてください。上流の方々がいちばん嫌うのは、実は「おどおどした態度」ではないかと思います。どんなにゴージャスな場所に連れていかれても、「ああ、ステキだな」と感動するだけに留めておきましょう。もちろん、「とてもキレイなところね。こんなステキな場所に来たのは初めて。ほんとうにありがとう」と素直に感想を述べるのはOK。

25歳のときから贅沢に首まで浸かっている私ですが、贅沢というのはキリがないものだと断言できます。上には上がいるのだから、ゴージャスさに圧倒されて身のおきどころがない、なんていうのは愚かなこと。せっかくゴージャスな場にいるのなら楽しむのが正解。気後れする必要はないのです。

素直に、気負わずに、けれども気後れすることなく、常に堂々と自分らしくしていられる女性というのが、男性が連れ歩きたい女性ではないかと思います。

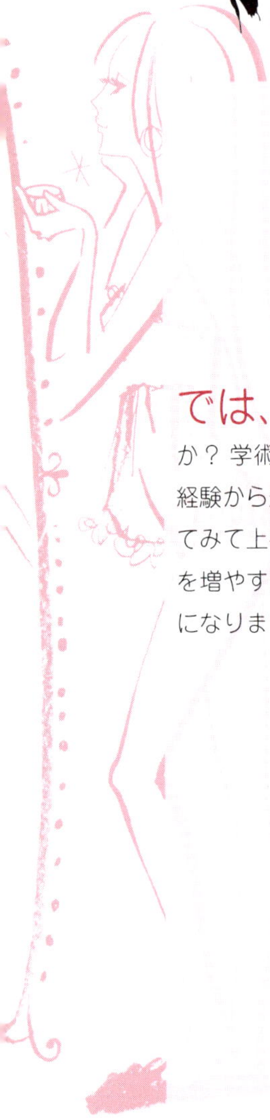

いちばん魅力的なのは自信のある女性

The most attractive woman is a confident woman.

男女を問わず、人間がいちばん惹かれる人間の資質というのは、実は「自信」ではないでしょうか？ 自分に自信のある人は、不必要に他人を攻撃したり意地悪したりしませんし、なにより余裕があります。気持ちに余裕がある人というのは、いっしょにいて和むものです。

では、自信というのはどうやって身につければよいのでしょうか？ 学術的に見ても自分の経験から判断しても、自信というのは経験から生まれるということが分かっています。つまり、実際にやってみて上手くいったからこそ自信がついたわけです。つまり、自信を増やすためには経験を増やす、経験値を上げればいいということになりますね。

誰でも最初からexperienced《イクスピーリエンスト》（＝経験豊か）なはずがありません。失敗して失敗して、それでも起き上がってきた人のみ、経験を積むことができるのですね。いつかまとめて発表したいと思いますが、私だって、最初からexperiencedだったわけではありません。いまでこそ、ほぼ百発百中の的中率（?）を誇っていますが、ダメな男性につかまったり、悩ませられたこともあります。

ただ、そこで終わってしまった女性と私との違いは、私は「そこで諦めなかった」というだけのこと。失敗してもそこから学べばいいのです。

The price one pays for success is the inevitability of failure. I strongly believe though that the person who has never made a mistake is the person who has never accomplished much.

Joan Collins Actress

“成功するために私達が支払わなければならない代償は、失敗を避けられないということ。人生で１度も間違いを犯したことがない人は、何事も成し遂げたことのない人なはず。”

ジョーン・コリンズ（女優）

Only those who dare to fail greatly can ever achieve greatly.

Robert Kennedy Former Attorney General of the US

“偉大な失敗を恐れない者のみが偉大なことを成し遂げることができる。”

ロバート・ケネディ（元合衆国司法長官）

素直がいちばん

The best quality in us – being true to ourselves.

人間の資質においていちばん大切なのは、実は「素直さ」ではないかと考えます。欲しいものを欲しいと言い、好きな人に好きだと言う・・・。坂口安吾も繰り返しそう書いていますが。

特にベッドでは素直になることです。相手の気持ちを傷つけないように言い方には気を配らなければなりませんが、イヤなことはイヤだと言い、して欲しいことがあればお願いしてみるというのが基本中の基本です。

欧米人の男性が嫌う、日本女性によく見られる性質に、「あなた任せ」があります。「なにが食べたい？」と訊かれたら、「イタリアン！」、「焼肉が食べたい！」と素直に答えることが大切。いつもいつも、「あなたの食べたいものでいいわ」と答える女性はウザったいものです。

また、駆け引きというのも私はあまりお薦めしません。それが恋愛関係であっても、人間関係である以上、あるていどの駆け引きというのは必要かも知れません。が、相手がなにを考えているのか、常にguessing game《ゲッシング ゲーム》（顔色を窺《うかが》って、たえず推測を続ける）をする必要はないのです。私が好きかな？と思えば訊けばいいのだし、好きだと言われたら素直に受け止めればいいのです。

デート

Lesson 4

Dating

How to be a precious lady

忘れてはいけない3つの言葉

Three expressions you should never forget.

デートのときや欧米人が相手のときに限らず、「いつでもどこでも絶対に」必要なマナーというのは存在します。それは、常々私が自分の子供に教えていることでもありますが、3つの言葉に要約されます。「ありがとう」、「ごめんなさい」、「お願いします」です。

自分のために誰かがドアを開けてくれたり、ウエイターさんが水をついでくれたり、どんな小さなことでもしてもらったら、「ありがとう」という習慣を身につけたいものです。デートの相手だけではなく、**すべてのひとに**。私の子供はまだ7歳ですが、なにかしてもらったら、忘れずに心の底から「ありがとう」と言いますよ。

そうして、肩と肩がぶつかってしまったり、間違って足を踏んでしまったりしたら、「ごめんなさい」、あるいは「すみません」とひと言謝ることも重要です。オトナにはかかせないマナーです。

また、日本にはない習慣なので忘れがちですが、レストランなどを含む食卓では、自分の手の届かないところにあるものを、(立ち上がったりして)ムリに自分で取ろうとしてはいけません。「すみませんが、塩を取っていただけませんか?」、Excuse me. Can you pass me the salt, please? などと、excuse me と please を付けて頼みます。

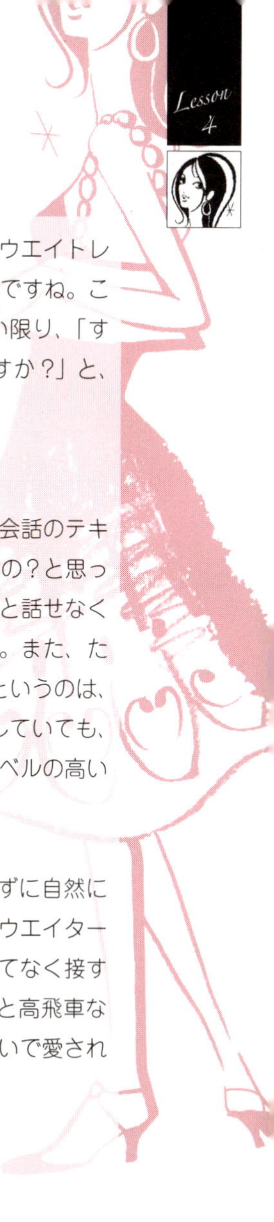

日本では比較的許されるようですが、ウエイターやウエイトレスさんに「水！」、「フォーク！」と言い捨てるひとも多いですね。これは論外。下の下の人間の言い草です。2歳児でもない限り、「すみませんが、お水をください」、「フォークをいただけますか？」と、きちんとした文で丁寧に頼みましょう。

ちょっと待ってよ、これは英会話のテキストでしょう？日本語は関係ないんじゃないの？と思っているあなた。**それは甘い。**日本語がきちんと話せなくて、英語がきちんと話せるわけがありません。また、たとえ言葉は通じなくても、相手の態度や感情というのは、必ずや伝わるもの。彼の前でだけお行儀よくしていても、周りのひとにぞんざいに当たっていたら、レベルの高い男性ならすぐに見抜きます。

前項で、「相手がどんな有名人でも富豪でも、気後れせずに自然に接すること」と述べましたが、逆もまた真なり。相手がウエイターやホテルの従業員、あるいは掃除人であっても、分け隔てなく接することが重要。相手の足元を見たり、「私は客なのよ」と高飛車な態度をとったりする女性は愛されないし、なにかの間違いで愛されても長続きしません。

PC《ピーシー》（=政治的な正しさ）について

On Political Correctness (=PC).

日本ではまだなじみが薄いかも知れませんが、20世紀の終わりには既にPC（=political《ポリティカル》 correctness《コレクトネス》［政治的正しさ］）が一般的になっており、現在も広く要求されています。言葉だけ聞くと難しそうですが、中身は簡単。

同じことを表現するにしても、差別的でない、偏見でない言葉や表現を使おう、という動きです。日本でも昔から、「物は言い様で角が立つ」と言いますね。アレと同じです。

★9

例を挙げると、「黒人」black《ブラック》というのは政治的に正しくない（=politically《ポリティカリー》 incorrect《インコレクト》）な言い方なので、最近は「アフリカ系」African《アフリカン》と言うのが一般的です。また、以前は、「知恵遅れ、精神薄弱」（=retarded《リターディト》）などという表現を使っていましたが、最近は「知的障害」=intellectually《インテレクチャリー》 challenged《チャレンジド》という表現を使います。「障害」という言葉自体、以前はhandicap《ハンディキャップ》、handicapped《ハンディキャップト》となどと呼んでいましたが、現在ではdisability《ディスアビリティ》、disabled《ディスエイブルド》と呼びます。

要は、言葉に対してセンシティブになる、自分が言われてイヤな表現は他人にも使わない、というだけのこと。ネイティブではないのですから、最初から完ぺきにPCな英語の表現を使えこなせなくてもOK。ただ、誰かに指摘されたら素直に言い方を替えたり、普段から新聞や雑誌、TVのニュースなどに気をつけて学ぼうとしたりする態度が大切ですね。

Always, always be politically correct. Save the joy of being politically incorrect only for your loved one !
（常に政治的に正しく（=PCで）ありましょう。"政治的に正しくない"楽しみは、愛するひととのみ分かち合うために取っておきましょうね。）

ドレス・コードについて

On dress code.

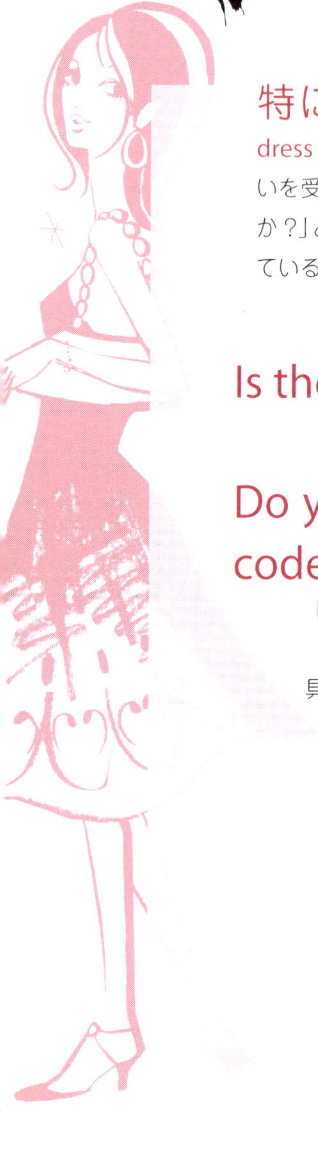

特に欧米の高級なレストランには、ドレス・コード dress code（＝服装の規範）が存在します。日本でお誘いを受けたとしても、彼に、「ドレス・コードはありますか？」と訊いてみて損はありません（もちろん、誰もが知っている居酒屋などは除きます）。

Is there a dress code ?★10

「ドレス・コードはありますか？」

Do you know if there's a dress code ?★10

「ドレス・コードがあるかどうか知っていますか？」

具体的には、**男性**の服装が規範になります。

いちばん厳しいものから挙げていくと次の通りです。

★11

Jacket and tie required《ジャケット アンド タイ リクワイヤード》「ジャケットとネクタイを着用のこと」

Jacket required《ジャケット リクワイヤード》「ジャケットを着用のこと」

Elegant《エレガント》「エレガントな服装でいらしてください」
（＝最低限、ジャケットを着用して行った方が無難です。）

Casual《キャジュアル》「カジュアルで OK」

Casual but neat《カジュアル バット ニート》
「カジュアルでも OK ですが、清潔感のある服装でお願いします」
具体的には、ジーンズは可でも、穴開きジーンズは不可。

特別に表記がなくても、女性は男性の規範に準じます。また、上流の社交クラブなどでは、あまりに短いスカートを履いていった場合、入場を断られることも。TPO をわきまえた装いというのは、他人さまだけでなく、自分のためにも大切だということが分かりますね。

Knowing the expression "Dress Code" is the beginning. Sure, it is not that important in the States, but I have always respected it and followed it. Can you see the positive result ?
（まずは“ドレス・コード”という表現を知ることから始めましょう。確かに合衆国ではそれほど重要ではないかも知れませんが、私はいつも自分でちゃんと考えてそれに従ってきました。ポジティブな結果をもたらしたことは私を見ればお分かりになるかと思います。）

レストランにて

On restaurants.

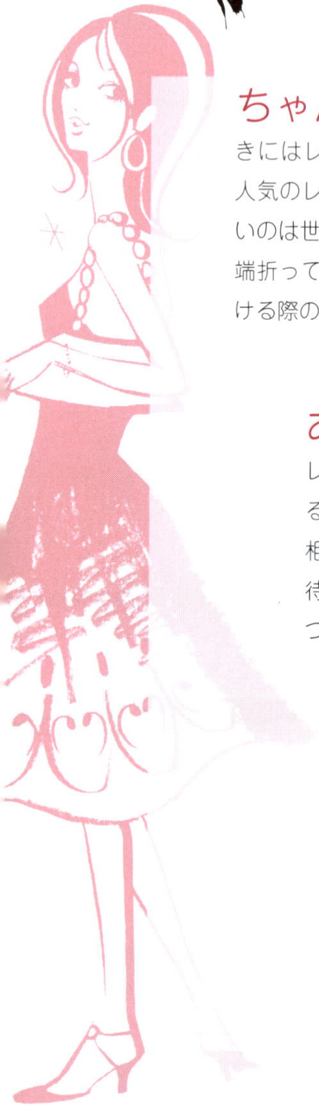

ちゃんとしたオトナの彼なら、あなたを招待したときにはレストランにはきちんと予約を入れてくれるはず。人気のレストランに予約なしで出かけても、席がもらえないのは世界の常識。電話１本入れるだけのことなのだから、端折ってもらいたくないですね。彼が一流かどうか、見分ける際の判断基準としても使えます。

あなたが女性であっても、彼の誕生日などにレストランに招待する場面はあるかと思います。あるいは、ビジネスの場で接待を申し付けられたとき。相手が日本人であってもそうですが、外国人をご招待・接待するときには、レストランを選ぶ際にいくつかのポイントがありますので挙げておきます。

1. 禁煙している、あるいは喫煙しない欧米人が多いので、非喫煙者ならノン・スモーキングのセクションのあるレストランを選び、予約しておきます。
2. 誕生日や記念日など、特別な日であればあらかじめ申し出ておきます。一流のお店ではケーキを用意してくれたり、特別扱いしてくれることも。
3. 座敷の場合は掘りごたつのある部屋をリクストします。いずれにしても、靴を脱ぐシチュエーションが出てくる料理店は避けた方が無難。靴下に穴が開いている外国人はたくさんいます。
4. 同様に、たとえクッションが用意されていても、床に座らせるような場所は基本的に避けます。極端に低い椅子しかない場所なども。日本人の私達は落ち着けても、外国人は落ち着けず、喜ばれません。
5. 特にあなたが女性で、自分が招待したい場合。レジのところで伝票の取り合いをしたくなければ、デザートを頼むくらいのタイミングでお店の人にクレジット・カードを渡すなどして、先にスマートに支払いを済ませておきます。あるいは、最低でも「今日は私がご招待していますので、伝票は私にください」とお店の人に頼んでおきます。

相手が招待してくれた場合。招待してくれると分かっていても、

Are you sure you want to invite me ?
「今日はご馳走になっていいんですか？」、
May I take care of half the expense ?
「半分払いましょうか？」

と訊ねるとポイントが高いですね。

特に欧米では、

May I leave the tip at least ?

「ティップだけでも私に払わせていただけますか？」
と訊くと上品です。たいていはクレジット・カードにまとめてチャージするので、
Thank you but it won't be necessary.
「必要ありませんよ」と言ってくれるはずですが。

I don't believe in "Gentlemen should always pay". You can at least offer to pay for the coffees or leave the tip.
(「いつだってオトコがおごってくれて当たり前」だとは私は思いません。女性のあなたも、せめて食後のコーヒーくらいご馳走してあげては？ あるいは(外国な)「チップの分を払います」と申し出てみて。)

席を外すタイミング
The timing to leave the table.

お手洗いに立つとき、電話をかけなければならないとき。日本語同様、「すみません」と言って席を立てば充分。

Excuse me. ★12　「失礼」、「すみません」
I'll be right back. ★12　「すぐに戻ります」

欧米では、生理現象を恥ずかしがるという傾向は日本と比べると少ないですし、率直に

I'll just go to the bathroom for a moment. ★12

「ちょっとトイレに行ってきます」
と言っても大丈夫。

同様に、
I'll go to the rest room. ★12　「トイレに行きます」

トイレを表す表現として、bathroom《バスルーム》は家庭用のバス・トイレのことですから、厳密に言うとレストランやデパートなど公共の場所にあるトイレは bathroom ではないのですが（だってバスタブ、ついてないし）、そういうときには rest room《レストルーム》、あるいは ladies'《レイディーズ》 room と呼びます。当たり前ながら、ladies' room は女性用ですから、男性用トイレは men's room と呼びます。

toilet《トイレット》というのは、アメリカでは即物的すぎて下品な表現とされており（日本語で言えば「便所」といった感覚でしょうか）、デパートやミュージアムなどで toilet と表示されていることはまず絶対にありません。

反対に、イギリス英語では toilet はまったく大丈夫な表現で、公衆トイレやその他デパートやレストラン、どこででも普通に使われています。同じく、loo《ルー》という表現も広く使われています（女王陛下も使っていらっしゃるとある外交官に聞いたことがあります）。ただし、これは口語表現で、トイレの前に loo と書いてあるのは見かけたことがありません。

「お手洗いはどこですか？」は
Where is the bathroom, please ? ★13　（米の家庭で）
Where is the ladies' room, please ? ★13（米の公共の場で）
Where is the toilet, please ? ★13　（英で）
と訊けば OK です。

私の場合、「手を洗ってきますね」

I'll go wash my hands. ★14
Let me go wash my hands. ★14

と言って席を外すことが多いです。

さて、タイミングとしては、食事の際には途中で席を外すのは極力避けるのがマナーですが、パーティやレストランなど、2時間も3時間もエンエンと続くこともありますし、日本人は膀胱《ぼうこう》が小さくてタイヘン。**欧米では、最後までガマンできなかったら、デザートが出る前に行きなさい、と教えています。アペタイザーとアントレーが終わったときですね。**

I have a confession; I've got a tiny bladder just like many Oriental people do. Well, don't be too shy and tell him that you must wash your hands. Nothing terrible will happen, I can assure you !

(実は打ち明けますと、東洋人には珍しくないようですが、私の膀胱はとても小さいのです。でもまあ、「ちょっと手を洗ってきますね」と彼に告げるのを恥ずかしがらなくてもいいですよ。それを告げてもなんにも恐ろしいことなんて起こりません。私が保証します！)

ティップについて

On tipping.

払いすぎてもいけませんが、ティップを残しておくべき場面で残さなかったり、額が少なすぎたりするのは論外です。物慣れない日本人旅行者（特に中年から初老にかけて）の中には、10 セント以下の少額コインだけを残す人もいますが、関係ないはずのこちらが見ていてもはらわたが煮え繰り返ります。お賽《さい》銭ではないのですから、5 円や 10 円残すくらいなら、まったく残さない方がまだマシ。

私は基本的にティップは少し多めに払うことにしています。行きつけの場所など、毎回必ず少し多めにティップを残すようにしておくと待遇がぜんぜん違ってきますし、イザというときにも融通が利くようになります。

余談ですが、とても気に入っていたミンクの帽子を行きつけのレストランに忘れて帰ったことがあります。高価といえば高価ですが、夫がカナダに出張に行った際に買ってきてくれた品で、その後、世界のどこに行っても売っているのを見かけたことがありません。「もう手に入らない物」をなくすのはひとしお辛いものです。

1 時間後、気がついてすぐに走って取りに行きましたが、従業員がちゃんと保管しておいてくれました。普段からティップを残しておかなかったら盗まれていた、とは言いませんが、普段から彼らにぞんざいに接していたら分からなかったと思います。

ホテルにて

In the hotel.

彼と初めていっしょにホテルに泊まるシチュエーションになったとき。まず、「あなたといっしょの部屋に泊まっていいですか？」（May I stay in your room ?）と訊くとポイントが高いですね。（もちろん、ラブ・ホテルは除きます。）特に、それまでいっしょにベッドに行ったことがない場合、「いっしょに旅行することに OK してくれたんだから、セックスしないってことはないだろうけど・・・」と、相手も緊張しているはず。奥ゆかしさを感じさせながらも、間接的に「あなたと同衾《きん》していいの？」と訊くことにより、相手の気持ちをラクにさせることができます。

欧米のホテルであっても「枕銭」は必要ありませんが、なにか特別な調べ物や頼みごとなどがあれば、コンシアージュにその旨を告げておき、$5 ～ $10 渡しておくといいですね。

I may need your help with restaurant reservations. ★15
「後でレストランの予約をお願いするかも知れません。」

Could you recommend a play ? ★15
「なにかお薦めのお芝居はありますか？」

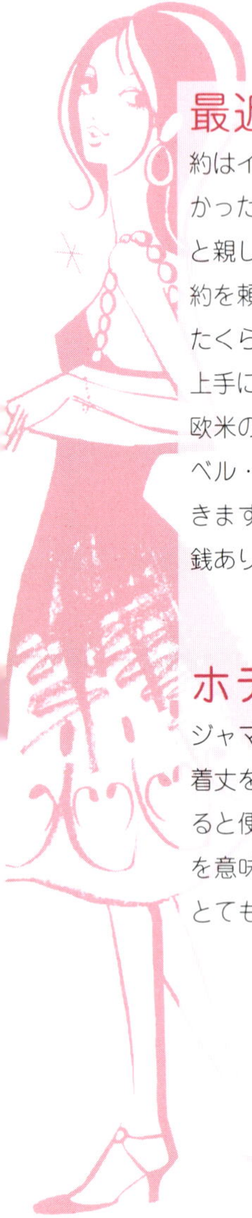

最近は、ミュージカルやお芝居のチケットなど、たいていの予約はインターネットで取れますが、アクセスがなかったり時間がなかったりすることもあり得ます。また、コンシアージュ（concierge）と親しくしておけば、お勧めを聞いたり、レストランやツアーの予約を頼んだりすることもできます。わずかなティップで秘書を雇ったくらいの価値が出てきますので、先方の負担にならないていどに上手に活用したいサービスです。
欧米のホテルであれば、チェック・インやチェック・アウトの際にベル・ボーイにティップを渡せるよう、最初から小銭を用意しておきます。あらかじめ小銭を用意しておき、彼にさりげなく「私、小銭ありますけど、要りますか？」と訊いてあげると喜ばれるでしょう。

ホテルは空調が効きすぎている場合が多いので、夏でもパジャマかナイトシャツを用意したいもの。旅館においてあるような、着丈を短くした、最初からお端折りを縫い上げてある浴衣を持参すると便利です。欧米で「キモノ」と言うと、ドレッシング・ガウンを意味するくらいですし。浴衣１枚を細紐１本だけで着付けると、とてもセクシー。

デートを重ねるごとに、いろんなシチュエーションが増えてきますね。魅力溢れる女性というのは、床上手（good in bed《グッド イン ベッド》）なだけではダメ。

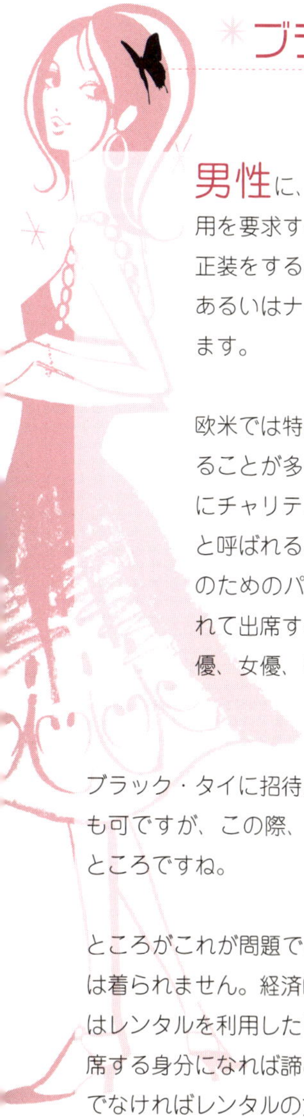

ブラック・タイにて

On Back Tie.

男性に、黒いネクタイ（や黒のカマー・バンド）着用を要求する正式なパーティ。男性に準じて、女性も準正装をする必要があります。最低でもカクテル・ドレス、あるいはナイト・ガウンと呼ばれる長いドレスを着用します。

欧米では特に、ブラック・タイはチャリティで開催されることが多く、私が数多く出席したブラック・タイも主にチャリティでした。「fund-raising《ファンド レイジング》のためのパーティ」と呼ばれることが多いようです。直訳すると「資金集めのためのパーティ」。その性質から、必ず有名人が招かれて出席するのも特徴です。ニュース・キャスターや俳優、女優、ヨーロッパであれば貴族などがよばれます。

ブラック・タイに招待されたら。仕事帰りであれば華美なスーツでも可ですが、この際、カクテル・ドレスの１着くらい用意したいところですね。

ところがこれが問題で、１度着たドレスは着まわすにしても続けては着られません。経済的に余裕がなければ友人に借りたり、あるいはレンタルを利用したりするのも賢いかも知れません。年に数回出席する身分になれば諦めて数着購入しても投資になりますが、そうでなければレンタルの方がかえって安くつくかも知れません。

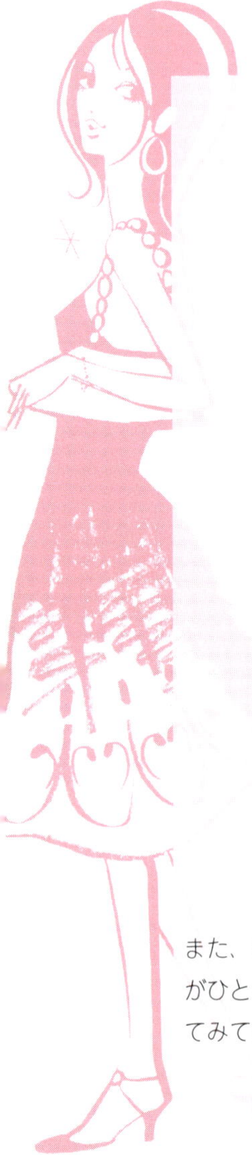

レストランのマナーにも通じることですが、ブラック・タイではいわゆるフル・コースが出されます。最近はスープの出ることは少なく、まず食前酒。前菜に魚料理、肉料理、デザートにコーヒーのパターンが多いようです。ナイフやフォークは外側から順番に使っていけばOK。メニューが用意されていますから、極端な健啖《けんたん》家以外はよく読んで、自分のペースを組み立てることも大切(笑)。

ブラック・タイに限らず、パーティと名のつくものに出席してみると、男女を問わず日本人の社交性のなさにはびっくりさせられることがしばしば。パーティというのは、基本的に新しい人と知り合ったり、普段はあまり話すチャンスのない人と話したりするための場。知らない人とはひと言も口をきかず、元からの友人・知人とのみ話すのはむしろ醜悪。友人・知人とはその気になればいつでも会えるのですから、新しい人脈を作るつもりの気持ちで参加してみてください。

また、あなたが外国語ができるなら特に、浮いている人、知り合いがひとりもいずに手持ち無沙汰にしている人には自分から話しかけてみてあげてください。あなたの格もあがるはず。

チャリティについて
On charity.

一定のソシオ - エコノミック・レベルに達している男性で、チャリティにまったく参加していない男性というのは、私にはちょっと想像がつきません。これは、アメリカでは、法人化されているチャリティ団体に寄付すると、その分税金が免除されるという要素も大きいかと思われます（＝上限はありますが）。同じ税金として取られるくらいなら、自分が支持するチャリティ団体に寄付する方がマシだ、と考えるようです。

前述のブラック・タイにしても、fund-raising（そういった団体が主催する資金集めのためのもの）なら、その分税金から還付されるのですから（ただし米国でのみ）、そっちに出席した方がずっとよいと考える人も多いわけです。

さて、チャリティと言えば寄付だけでなく、volunteer《ヴォランティーア》もありますね。欧米ではvolunteerが盛んで、アッパー・ミドルから上流の階級の人の方が volunteer work には熱心です。これは、「衣食足りて礼節を知る」ということとも無関係ではないでしょうね。生活にゆとりがなければ volunteer や charity には参加できないかも知れません。

最近は日本でも、「volunteer に参加すれば学校の単位がもらえるから」という、不純な動機で応募する人の話も漏れ聞きますが、やらないよりはやった方がいいのでしょうね。動機は不純でも、参加しているうちに気持ちが変わるということもあり得るでしょうし。

欧米の男性は、「なにかチャリティに参加していますか？」、「ボランティアしていますか？」と訊いてくることもあるかも。

Are you involved in some charity organizations ? ★16
「チャリティ団体に協力していますか？」

Do you volunteer sometimes ? ★16
「ボランティアはしていますか？」

答え方としては、

I've been making donations to UNICEF periodically. ★16
「ユニセフに定期的に寄付しています」

I register and work as a volunteer guide for the ward of Shibuya. ★16
「渋谷区のボランティア・ガイドに登録しています」
などです。

デートの別れ際

Saying good-by at the end of a date.

なんとかデートにこぎつけて、好印象を残すことに成功しました。せっかく名前や電話番号を聞けても —— あるいは１度デートできても、次につなげないといけません。そのときのつなげ方としては・・・。

またまたアナスタシアのビデオ・クリップから引いてくると、

I want to do that again. ★17

「またしたいわ」 注）お茶や映画を観たあとなどに。

I want to see you again. ★17

「また会いたいわ」

Will you see me again ? ★17

「私にまた会いたい？」

などが定番でしょうか。

I want to do that again. 「またしたいわ」

は、セックスやキスを連想させるので、使うときには少し注意が必要。セックスもキスもする前に、

I want to do that again.

と言うと、

Do you want to do what ?!

「エッ？ 何をしたいの？」

と不思議がられるかも・・・。

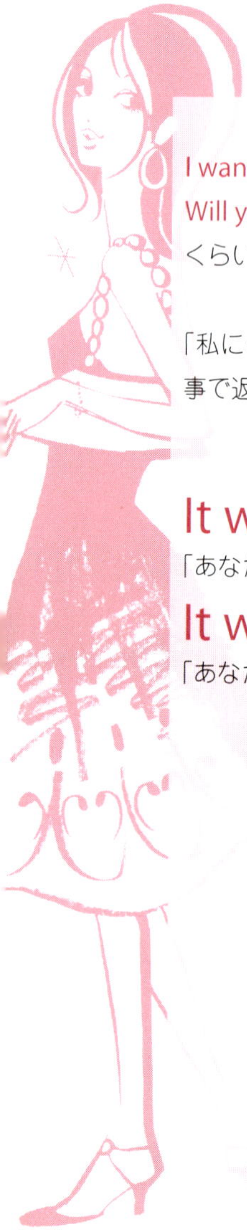

I want to see you again.　「また会いたいわ」
Will you see me again ?　「また会ってくれる？」
くらいは私も割とよく使います。

「私にまた会いたい？」と訊いて、Sure ! や Of course ! と二つ返事で返ってこなかったら、ちょっと先行きは暗いかも。

It was nice talking to you. ★17

「あなたと話せて楽しかったわ」

It was great to get to know you. ★17

「あなたと知り合えてとてもよかったわ」

などもキレイな表現ですね。

I want to see you again.　「また会いたいわ」
Will you see me again ?　「また会ってくれる？」
と言って、相手も同意したら、次のデートを取り付けることをお薦めします。電話番号も聞いておきましょう。

May I have your name ? の応用で

May I have your phone number ? ★18

「電話番号を教えてもらえますか？」

May I have your e-mail address ? ★18

「メルアドを教えてくれますか？」

のように訊きます。

携帯のことは、アメリカでは cell《セル》 phone《フォーン》（cellular phone の略です）と言いますが、イギリスでは mobile《モバイル》 phone《フォーン》 というようですね。

「女の方から電話をかけるなんて」なんて、時代錯誤。ステキなひとだと思ったら、どんどん番号を訊きましょう。自分の番号を教えるのもいいけれど、「電話がかかってくるのを待ってるだけ」っていうのはどうでしょう？ 積極的にいきたいものです。

ちなみに、「設置電話」は fixed《フィックスト》 phone《フォーン》 と言います。

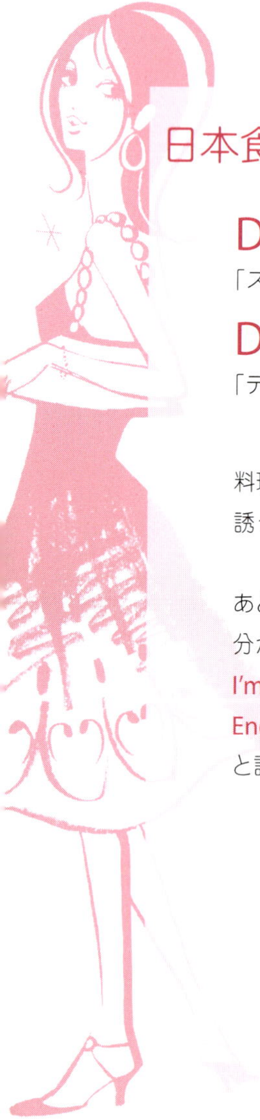

日本食で釣る、というのもまあアリかも。

Do you like *sukiyaki* ? ★19

「スキヤキは好き？」

Do you like *tempura* ? ★19

「テンプラは好き？」

料理が得意なあなたなら、「じゃあこんど作ってあげる」と誘ってもいいかも知れません。

あとは、「e-オークションをやりたいんだけど、英語がよく分からないの」とか？

I'm interested in e-auctions but I'm not very good at English. Could you help me ? ★19

と訊いてみるのもテかも。

軽い告白

Small confession.

軽い告白としては、下の２つが使えます。前から見知っていたひとに言うといいですね。（初対面ではちょっとまずいです。）

I'm crazy for you.★20 「あなたに夢中なの」

I've got a crush on you.★20 「あなたにお熱なの」

一目ぼれのニュアンスで、一時的な憧れをさす、ティーンエイジャーがよく使う表現です。あまり若くないひとが使うときには冗談ぽく言ってみてくださいね。

私も、相手の気持ちが知りたいときに、

Do you like me ?★20

と訊いたことがあります。本心をさらけ出すのがすごく怖いひとだったようで、そう訊くとやっと、

Sure, I like you very much.

と素直に答えてくれました。訊かないと分からないし。

「キミが好きだ」、「きみだけだ」と言いながら浮気し放題な男性もたまに存在しますが、幸か不幸かそういうだらしない男性は放っておいても自分からボロを出してくれます。最初は相手を全面的に信じて、「この人は信じられない人だ」、「信頼するに値しない人だ」と分かれば、振ればいいだけのこと。

素直にいきましょう。

ベッドをほのめかす

Suggesting sleeping together.

半年グダグダ付き合うより、1回寝てみた方がよく分かることもあるかも知れません。会ったその日にベッドに行く、というのもアリ。自分さえしっかりしていれば OK。**半年待とうがその日のうちに寝てしまおうが、ダメになるときはダメになるし、長持ちするときは長持ちするものです。**もちろん、本人の経験値が低くて、「ヤッたらそれだけで夢中になっちゃう」というようなひとは論外。お勧めしません。あと、ベッドに行く前にヒニンについて話し合うべき。

私はいつも

I always practice safe sex. ★21

「私はいつもセーフ・セックスをするの」

と最初に言っておきます。セーフ・セックスとはコンドームつきのセックスのことです。**ベッドになだれ込んで、お互い半裸になってから、「ところでコンドーム持ってる？」と訊くでは遅すぎ。**持ってなくても、お互いブレーキが効かなくなっちゃいませんか？

I always practice safe sex. Do you have a condom with you ? ★21
「私はいつもセーフ·セックスをするの。コンドーム（ひとつ）、持ってる？」

Will one be sufficient or do you have more ? ★21
「ひとつで足りる？それとももっとたくさん持ってる？」
と、イタズラっぽく訊いてみるといいんじゃないでしょうか。

会ってその日にベッドに行く、というのもアリだと思いますが、もしもまだベッドに行っていないとしたら？どうやって誘えばいいでしょう？

intimate という単語があります。
「親密な、親しい、くつろげる、ロマンティックなムードのある」という意味ですが、この単語には肉体関係を連想させるものがありますので、注意が必要。

つまり、女性が親しい女友達を指して、
an intimate friend of mine
「私の親しい女友達」と言ってはいけません。その女性とレズビアンの関係にあると取られてしまうからです。

「私の親しい（けれども当然肉体関係のない）友達」と言いたいときには、

a close friend of mine

あるいは

a good friend of mine

と言っておきましょう。

もしもどちらかの部屋にいたとして——。

Shall we get intimate ? ★22

「親密になります？」と「くつろぎましょうよ」をかけてあります。

Shall we get comfortable ? ★22「リラックスしましょう？」

Let's chill out. ★22 同じく、「リラックスしましょう」

と提案するのもいいかも知れません。

Shall we get intimate ? Would you like to take your socks off ?

（私と寛ぎたくないですか？靴下を脱いでしまいたくない？）

How to be a precious lady

イン・ベッド

Lesson 5
In Bed

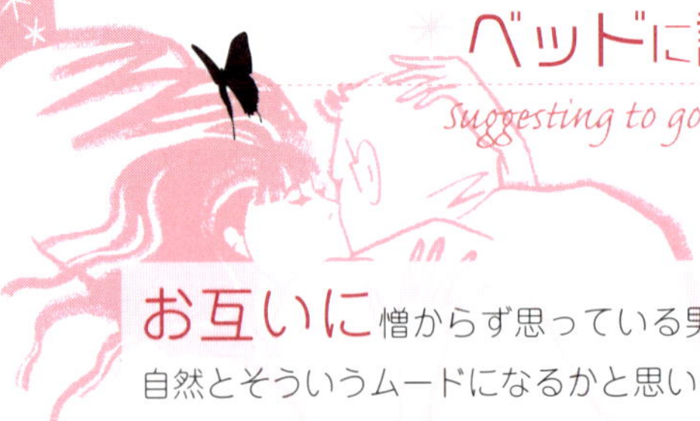

ベッドに誘う

Suggesting to go to bed.

お互いに憎からず思っている男女がひとつの部屋にいれば自然とそういうムードになるかと思いますので、あまり言葉は要らないかと思います。言葉なしでキスをしかけたりして、

Shall we go to bed ? ★22
Let's go to bed. ★22

と誘うのも、単刀直入でよろしいかと思います。

私が経験したなかでいちばん気が利いていると思ったのは、私の部屋の簡易ベッドのうえですでにペッティングが始まっているのに、

Let's go to bed.

と言った男の子です。「もうベッドのうえなんですけど･･･」と笑ってしまいながらも、「セックスしよう」という意味合いも含まれていて、でも余裕があっていい表現だと思いました。

「私、興奮してきたわ」と言いたいときには、

You turn me on. ★23　「あなたは私を興奮させるわ」
You make me feel hot. ★23　「あなたといると熱くなるの」
I'm feeling sexy. ★23　「セクシーな気分だわ」

Sexy と sensual について

On being sexy and sensual.

日本人の多くは、「性的な魅力に溢れた」という意味の英語は、sexy《セクシー》だと思っています。もちろん、これは間違いではありません。でも、英語には sexy よりひとつ上の、sensual《センシュアル》という表現が存在します。「肉体的感覚の、官能的な、肉欲をそそる、好色な、みだらな」という意味です。sensual の方が即物的ではなくて、やや感覚的な気がします。

私としても、

You are sexy. と誉められるよりは、

You are sensual. とコメントされる方がはるかに嬉しいですね。

さて、 ちょっと晩生の彼には

I want to make love **with** you. ★24

「あなたとメイクラブしたいの」

あるいは

I want to make love **to** you. ★24

「あなたとメイクラブしたいの」

with でも to でも基本的に同じです。

Let's make 69 !　「シックスナインしましょ !」

とストレートに言うのもまあアリかも知れません。

I want to kiss you. ★25　「あなたにキスしたいの」

I want to kiss you — guess where ? ★25

「あなたの —— にキスしたいの。——どこにだと思う？」

Do you want to kiss me ? ★25　「私にキスしたい？」

Where do you want to kiss me ? ★25　「私のどこにキスしたい」

キスに続いて、愛撫。

caress《キャレス》

というのもキレイな表現です。「愛撫，抱擁，キス」と辞書にはありますが、私の感覚では優しく撫でること。

ベッドに行く前も行ったあとでも使える上品な表現として

I lust for you. ★26

「あなたに欲情するの」

を挙げておきます。lust は「肉欲、性欲、情欲」という意味の名詞ですが、動詞のときは「肉欲に燃える、欲情する」という意味になります。普通は男性が女性に対して使うようですから、イタズラっぽく、なおかつ古典的な教養を感じさせる表現です。

I am hungry for you. ★26

「キミが食べたくてたまらない」
「あなたが欲しくておなかがぺこぺこ」
というのもほとんど同じ意味ですが、あまり上品ではありません。女性には I lust for you. の方をお薦めします。

大胆なセリフも、サラッと言うと品があっていいですね。照れずにイタズラっぽく言えれば最高！焦らしたりからかったりすることを英語では tease《ティーズ》 といいます。名詞になると、「（セックスするつもりはないのに）相手をその気にさせて楽しむ人」という意味も出てきます。私の感覚では、最終的にはセックスするつもりがあって焦らすことも tease と言うと思います。

striptease《スクリプティーズ》（いわゆるストリップ）も tease の派生語ですね。strip + tease。「服を一枚いちまい脱ぎながらオトコを焦らせる」ショーな訳です。ただの着替えじゃなくて、振り付けつきで焦らせるところがミソですね。

性感帯の名前

Names of erogenous zones.

ここから先は趣味の範疇だし、言葉は要らないかも。それでも、よりよいコミュニケーションのために、いくつか鍵になる表現をあげておきます。

どこか特に感じるところがあれば、そこに「キスして」と言うことから初めてみてはどうでしょう？

Kiss me here. ★27 「ここにキスして」
Will you kiss me here ? ★27 「ここにキスしてくれる？」
Will you kiss me on the nape ? ★27 「うなじにキスして欲しいの」
などなど。

そのパーツを英語でなんて言うか知らなくても、指差しながら「ここ」と言うだけで充分。

ちなみに、 性感帯（?）をあげていくと、

breasts《ブレスツ》「胸、乳房」

nipples《ニップルズ》「乳首」

「乳首はイヤ」なら Not on my nipples. または
Please don't touch my nipples.
tits は「乳房」と「乳首」の両方を表しますが、卑語（スラング）です。

cleavage《クリーヴィッジ》「谷間」
ここでは「胸の谷間」。ほとんどの男性はコレが大好きみたいですね。発音は「クリーヴィッジ」。いわゆる「パイずり」の直訳はありませんが、意訳すると、thrust one's penis in the cleavage くらいでしょうか。

ass《アス》「尻、ケツ、ケツの穴」
俗語です。他の多くの語と同様、女性器や、セックスの対象としての女、をさすことも。

俗語でなく、「お尻、でん部（いわゆるお尻のほっぺ）」をさすときには
buttocks《バトックス》が正しい言葉です。お尻のほっぺがふたつあることから、必ず複数形で使います。

buttocks の略式（婉曲？）表現として、
butt もよく使われます。

また、ヒップ（hip）というのは腰のことで、お尻をさすことはありません。直立して両腕を自然に横に下ろした状態で、膝から下から指先までが当たるところが hips です。

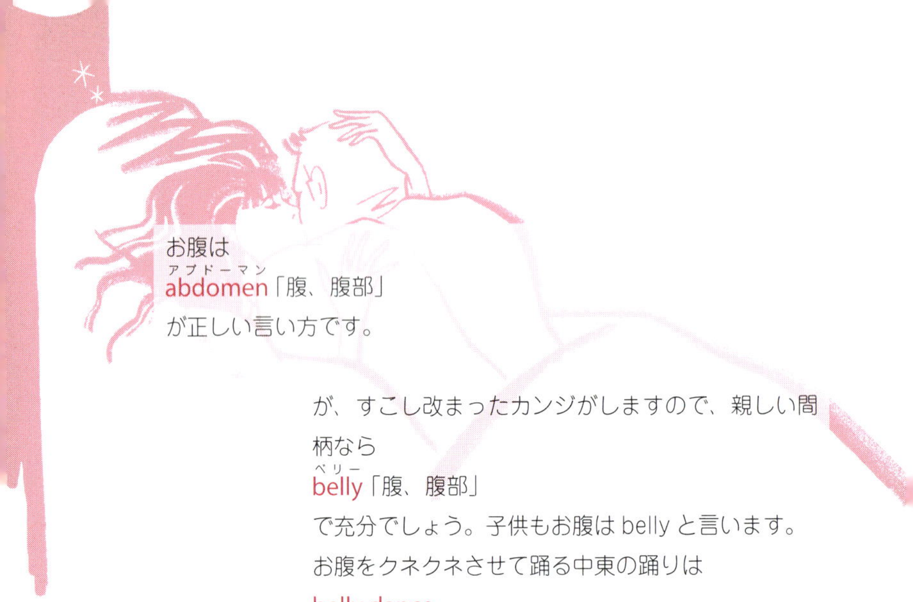

お腹は

abdomen《アブドーマン》「腹、腹部」

が正しい言い方です。

が、すこし改まったカンジがしますので、親しい間柄なら

belly《ベリー》「腹、腹部」

で充分でしょう。子供もお腹は belly と言います。

お腹をクネクネさせて踊る中東の踊りは

belly dance

ですね。

婉曲語として stomach《ストマック》もよく使われますが、これは本当は「胃」のことだから、私は使いません。お腹を撫でられるととても気持ちがいいけれど、胃を撫でられてもイライラするだけですから（にっこり）。

Do you like it when he touches your belly ? Do you want to touch him in return ?
（あなたはお腹を触られるのが好き？ お返しに彼のことも触ってあげてみては？）

性器の名称

Names of genitals.

性器の名称についてはいろいろありますが、男性器の解剖学的に正しい言い方は、

penis《ピーニス》「ペニス、陰茎」

です。

「**ピー**ニス」と発音しないと通じないのでご注意を。

亀頭は（解剖学用語ではありませんけど）

the《ジ》 head《ヘッド》 of《オブ》 the《ザ》 penis《ピーニス》

睾丸は、解剖学用語では

testicles《テスティコーズ》

一般的には

balls《ボールズ》

間違ってもgolden balls とは言いません。アレは金色じゃないですものね。

同じく、2つあることから、ball**s** と複数にしないと通じません。

May I touch your balls ?

「あなたのタマに触ってもいい？」

Do you want me to touch your balls ?

「タマに触って欲しい？」

と訊いても、

What balls ???

と不思議がられるだけかと思います。

ここでの重要ポイント

相手に「～して欲しい？」と訊くときの訊き方は、

Do you want me to ～ ?

が基本です。

Do you want me to massage you ? ★28

「マッサージして欲しい？」

Do you want me to give you a blowjob ? ★28

「咥《くわ》えて欲しい？」

のように使うわけです。

反対に、相手になにかして欲しいときには、

I want you to ～ .

で表現します。

I want you to caress my hair. ★29 「髪を撫でて欲しいの」

I want you to hold me tight. ★29 「ギュッと抱いて欲しいの」

I want you to bite my shoulder. ★29 「肩を噛んで」

I want you to eat my pussy. ★29 「私のプッシーを食べちゃって」

のように使います。

性器の名称の続き

Names of genitals continued.

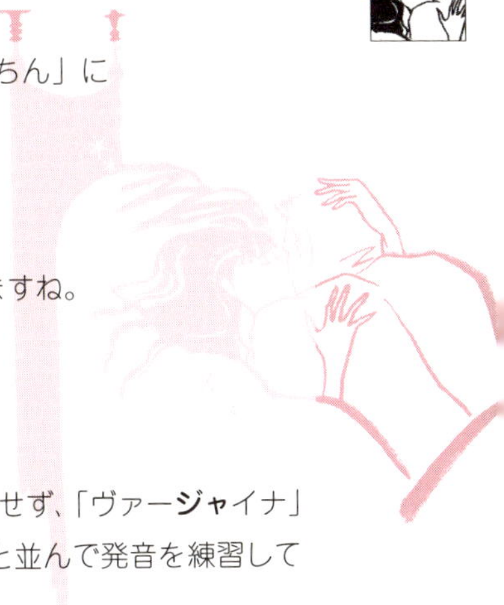

ご存知のように、「ペニス、おちんちん」にはいろいろな名称があって、

dick《ディック》

cock《コック》

などは一般的に使われていますね。

女性器の正しい言い方は、

vagina《ヴァージャイナ》

ですが、「ワギナ」や「ヴァギナ」とは発音せず、「ヴァー**ジャ**イナ」と発音しないと通じません。「**ピー**ニス」と並んで発音を練習しておきたいものです（にっこり）。

そうそう、そういうムードにもっていきたいときに、「これ、なんて発音するの？」と紙に書いてみるのもいいかも。拙《つたな》い発音に欲情してしまう男性もたくさんいるかと思います。ただしそのときにはニヤニヤせずに、イノセントな表情の方がポイントが高いかと思います。

pussy《プッシー》

というのをよく聞くかと思いますが、これはほんとうは「女性器」というより、その手前の「茂み」辺りをさすそうです。卑語（スラング）です。

女性器そのものをズバリとさす卑語（スラング）は、

cunt《カント》

のようです。

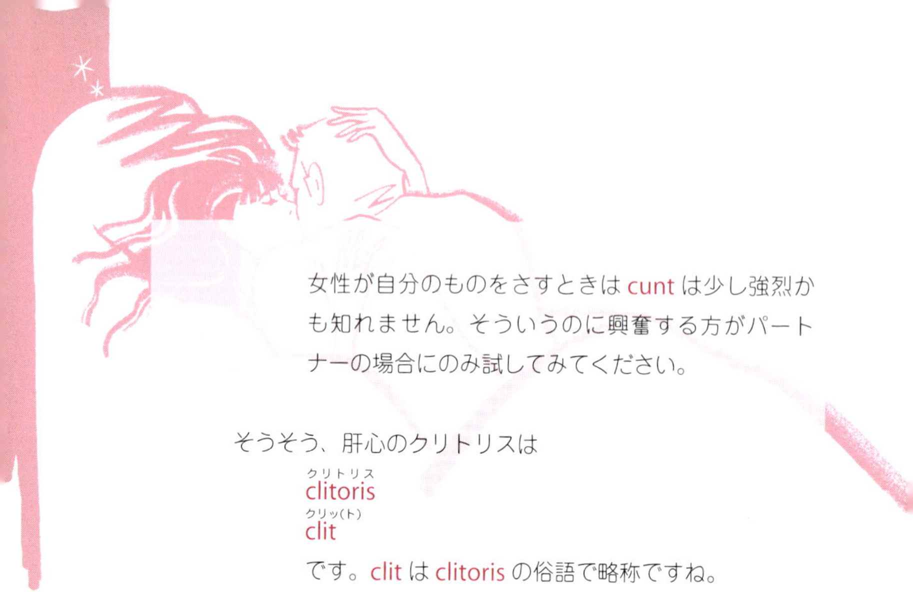

女性が自分のものをさすときは cunt は少し強烈かも知れません。そういうのに興奮する方がパートナーの場合にのみ試してみてください。

そうそう、肝心のクリトリスは

clitoris《クリトリス》

clit《クリッ(ト)》

です。clit は clitoris の俗語で略称ですね。

他にも

G-spot《ジー スポット》

もありますね。

では、性器やパーツの名称が明らかになったところで、今度は体位などを。
なかなかペッティングから先に進んでくれない臆病な（?）恋人には、単刀直入に

Fuck me！★30

「ファックして！」

と言ってみてもいいかも。相手が繊細すぎるタイプだと引かれるかも知れないので、よく見分けて、ね。

「もっとガンガン突いて！」と言うときには

Fuck me harder ! ★30

「深く突いて！」と言うときには

Fuck me deep ! ★30

「もっとよ！」は、

Fuck me more ! ★30

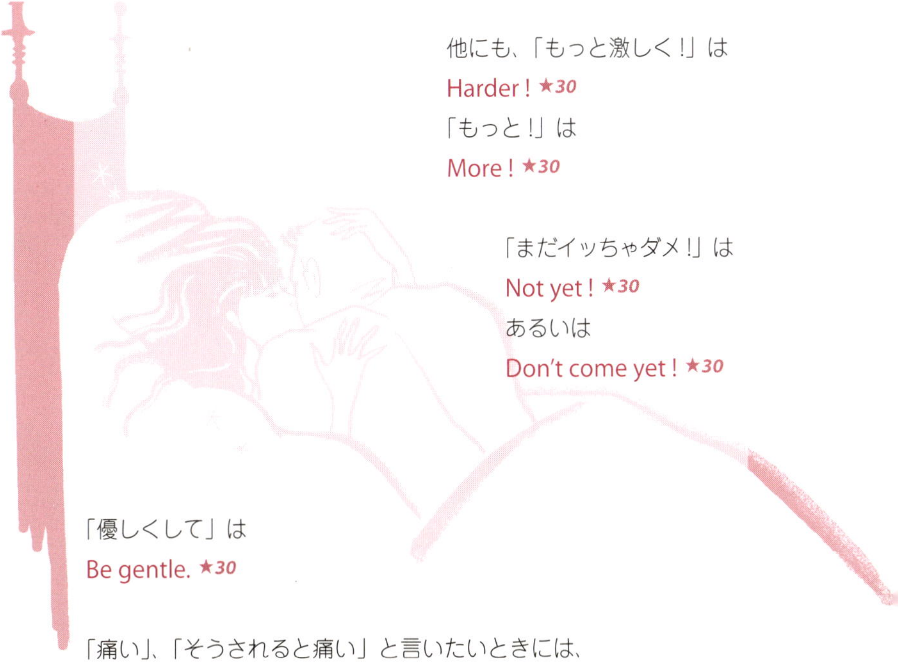

他にも、「もっと激しく！」は

Harder ! ★30

「もっと！」は

More ! ★30

「まだイッちゃダメ！」は

Not yet ! ★30

あるいは

Don't come yet ! ★30

「優しくして」は

Be gentle. ★30

「痛い」、「そうされると痛い」と言いたいときには、

You are hurting me. ★30

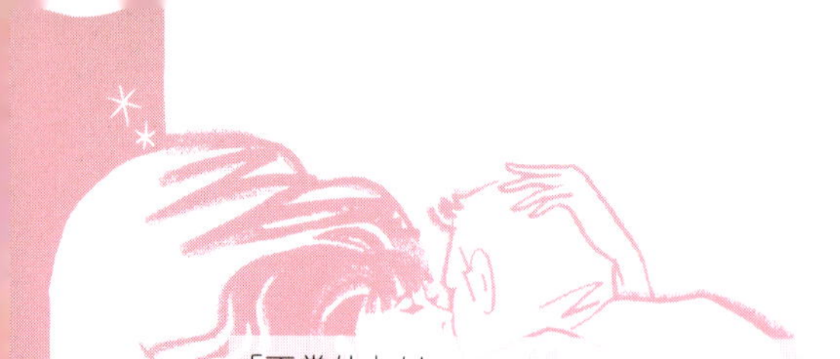

「正常位」は

missionary《ミッショナリー》 position《ポジション》

これは、布教に携わる伝道師（とその夫人）にも、快楽を追求するためでない、生殖のためのセックスは認められていて、マジメな（?）正常位だけが唯一 OK とされていたことから由来しています。

「バック」は

doggy《ドギー》 style《スタイル》　「ワンちゃんスタイル」
on《オン》 all《オール》 four《フォー》　「（女性が）四つんばいになって」
from《フロム》 the《ザ》 back《バック》　「後から」
from《フロム》 the《ザ》 rear《リア》　同じく「後から」

「女性上位」は

woman《ウーマン》 on《オン》 top《トップ》 が文字通り「女性が上」

on《オン》 top《トップ》 of《オブ》 me《ミー》

男性が女性に頼むときの言い方。「ボクの上に乗って」。私もよく懇願されます。

sit《シット》 on《オン》 my《マイ》 face《フェイス》

あと、「顔の上に座って」もらうのが好きな方もいらっしゃるようですね。

「座位」は

sitting《シッティング》 up《アップ》

でしょうか。腰は下ろしたまま、上体は起こして。

「フェラチオ」は
blowjob《ブロージョブ》
がもっとも一般的。

「クンニ」、「クンニリングス」は
cunnilingus《カンナリンガス》
という単語があることはありますが、どちらかといえば

Kiss my pussy. ★31　「アソコにキスして」
Get down there. ★31　「アソコまで下りてきて」
Get down and kiss my pussy. ★31
「下におりてきてアソコにキスして」
の方が一般的です。

フェラチオ、クンニリングス、両方をさして
oral sex《オーラル セックス》 と、よく言います。
もしもフェラチオが苦にならなかったり、アソコにキスしてもらうのが大好きだったら、
I love oral sex. ★32
「私、とってもオーラルセックスが好きなの」、「お口でしたりされたりするのが好きなの」と言うといいですね。

ただ、オトコは自分勝手なものですから、「あ、咥えてくれるんだ。ラッキー!」と勘違いしがちです。でもしてあげたいときには、
I love giving oral sex. ★32
と言ってあげましょう。

前述の

Eat my pussy ! ★33

「私のおまんこをお口でグチャグチャにして！」も有効です。

クンニリングスに関連して、いわゆる「指マン」は

Fuck me with your finger. ★33

「あなたの指でファックして」

Fuck me with your fingers. ★33

「あなたの指（でも複数）でファックして」。

そういうのがお好きな方は

Fuck me with three of your fingers. ★33

「あなたの指、三本でファックして」。

あ、忘れてた。フェラチオよりもいわゆる「手コキ」が好きな彼なら

Will you masturbate me ? ★34「手でしごいて」

と言ってくるでしょう。

そういうのが好きなひとは、

Will you masturbate in front of me ? ★34

「ボクの前で自分で自分を慰めてくれない？」

Masturbate yourself in front of me. ★34

「オレの前で自分でやって見せろよ」

などと言ってくるかも知れませんね。

最後に、有名な「イク」というのは、
I'm coming. ★35
です。

「三回もイッちゃった」とリップ・サービスしたければ、
I've come three times. ★35
と言ってあげてくださいね。

男女共に使える社交辞令（っていうか誉め言葉）として、
You make me come very easily. ★35
「キミ（あるいはあなた）が相手だとすぐにイッちゃうんだよ」
があります。

男性が女性に
You come beautifully. ★35
「キミはとてもキレイにイク」、「イキっぷりがいいね」
と言うのもエロくていいですね。

I love seeing you come. ★35
「あなたの（あるいはキミの）イクところを見るのが好き」
などど言ってあげるのも一興でしょう。
I love making you come. ★35
「あなたをイカせるのが好き」も。

ちなみに、性的に「イク」という意味だと強調・区別するために、come ではなく、cum と綴ることも多いです（発音はいっしょです）。cum には精液、愛液の意味もあります。

え〜と、「私のお口でイッて」と言うときには、
Cum in my mouth. ★36

「お腹に出して」と言うときには
Cum on my belly. ★36

Can I cum on your face ? ★36

と言われたら、「顔シャしていい？」という意味ですから、イヤならイヤと断りましょう。髪についたらシャンプーしなきゃだし、シャンプーしても臭そうですよね（にっこり）。

Can I cum inside you ? ★36
は、コンドームをつけてない場合には「中出ししていい？」ですが、そんな状況は絶対に避けてくださいね。中出しは結婚してからだけでいいんじゃないでしょうか？

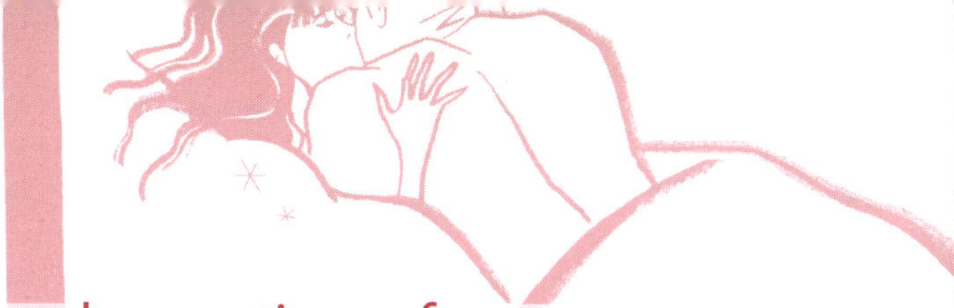

I only practice safe sex. ★36

「私はセーフ・セックス（＝コンドームつきのセックス）しかしないの」と、最初に言っておくことが重要です。それで四の五の言うようなオトコならこっちから振ってやりましょう。私は、コンドームを持ってこないオトコには触らせませんよ。

You are so wet. ★37 「キミ、すごく濡れてるよ」
You make me so wet. ★37 「あなたとだとすごく濡れちゃうの」

とてもステキでもう１度お願いしたいときには、前述の

I want to do it again. ★38
「もう１度したいの」

や、あるいはイタズラっぽく、

Bravo! Encore ! ★38
「ブラボー！アンコール！」

などと言ってもいいかも知れません。

There are many similar expressions such as “orgasm”, “acme” and “climax”.
（他にも“オーガズム”、“アクメ”、“クライマックス”といった表現もありますね。）

特殊な趣味

Peculiar tastes.

世の中にはいろんな趣味を持っているひとがいます。ここでは、ひととおりの趣味をカバーしておきますね。それに、もしもパートナーがこういうこと言い出したら注意、という意味合いも込めて。

An exhibitionist 「露出狂」の彼なら、
Let's show off. 「見せびらかそうぜ」
Let's show ourselves off. 「俺たちのこと、見せびらかそうぜ」
Let them see us making love.
「ハメてるところ（あるいはヤッてるところ）、みんなに見せてやろうぜ」などと粉をかけてくるかも知れませんね。

いわゆる3P、4P（っていうかスワッピング？）は、それぞれ

threesome《スリーサム》
foursome《フォーサム》

ただし、日本に住んであるていど時間が経った欧米人は、3P、4Pを使うようですね。NYに住んでいたときにはほとんどまったく聞きませんでしたが。

swapping《スワッピング》は、2組（やそれ以上の場合もありますが）の夫婦が互いのパートナーを交換することで、乱交とは少し違うようですね。
乱交は
group sex

swinging も、group sex や swapping と同じ意味で使われます。

乱交パーティというときには
a sex orgy《ア セックス オージー》 あるいは単に an orgy《アン オージー》
スワップ・パーティなら
a swap party

要は、乱交パーティには基本的にひとりで参加して、スワップ・パーティにはカップルで参加するということですね。

他に特殊な趣味といえば SM がありますね。

SM というのはほぼ日本でだけ使われている和製英語に近いかも。

英語の辞書には「SM」の項目がないものがたくさんあります。どちらかと言うと「S&M」の方が一般的なようです。また、アメリカの辞書には載っているのを確認できませんでした。少なくともアメリカでは一般的な用語ではないようです。かわりにドイツやスペインなどでは使われているようです。本国（?）よりも外国で使われる用語というのは割と他にもありますね。

日本在住の外国人の間では

role-playing

という表現をよく聞きます。

「役割と演技」さながらですね。もちろん、サディストとマゾヒストのロール・プライングだけをさすのではなくて、ナースと患者さんだとか、教師と女子高生だとか、他の「役割と演技」もこれに含まれますが、日本においてはほとんどの場合はSMをさすようです。

また、厳密にはSMの一派にすぎないのではないかと思えるのですが、「拘束」という意味のbondage《ボンデージ》「(サド・マゾ遊びの)緊縛、拘束責め、ボンデージ」(辞書より)という表現がさらに頻繁に使われているようです。

discipline《ディスプリン》は「躾《しつけ》、躾る」という意味ですが、「調教」の英訳がこれです。「(サド・マゾ遊びの)調教、責め、折檻《せっかん》」(辞書より)。SMには付き物のようによく使われます。

ナースの制服やセーラー服を着てやるのは、むしろcostume play《コスチューム プレイ》「コスプレ」ですね。ちなみに、欧米では「セーラー服＝高校(や中学)の制服」という図式は成り立たないようです。制服自体珍しいのですが、制服のあるほとんどの学校では、いわゆるワイシャツにチェックか無地のプリーツ・スカート、ネクタイかボウタイなので。ブリッ

トニー・スピアースの「Baby One More Time」のプロモーション・ビデオや、T.a.t.u. の「All the things she said」にあったような、ああいう制服ですね。

制服がある学校はカトリック系が多く、ますます、「高校（や中学）の制服」＋「エロい」ということになっているようです。

ちなみに、

「サド」や「サディスト」（sadist）は
dominant《ドミナント》
「マゾ」や「マゾヒスト」は（masochist）
submissive《サブミッシブ》
と呼ぶのが一般的なようです。

どちらももともとは形容詞ですが、a をつけて名詞にしても使います。domina や sub と略することも。
また、master《マスター》 や slave《スレイヴ》 という単語を使うことも。重ねて、a dominant《アドミナント》 master《マスター》 や a submissive《アサブミッシブ》 female《フィメール》 などと表現することもあります。「女王様」は dominatrix《ドミナトリックス》 と呼ぶことも。

It doesn't hurt to increase your vocabulary, does it ?
（ボキャブラリーとして知っておいても害にはならないでしょう？）

ここでの重要ポイント

よく知らないひととベッドに行くときに「SM はイヤだな」、「痛いのはイヤだな」と思ったら、最初に

I'm not into role-playing. ★39
「SM には興味ありません」
I'm not into bondage. ★39
「拘束（= ここでは SM のこと）には興味ありません」
I 'm not into pain. ★39
「痛いのイヤです」

とはっきり言っておきましょう。

I'm not into ～ はなんにでも応用が効きます。

I'm not into anal sex. ★40 「アナルはイヤ」
I'm not into telephone sex. ★40
「テレフォン・セックスには興味ありません」
I'm not into threesomes. ★40 「3P はイヤ」

のように使います。

その他

女性の私たちにはあまり縁がありませんが、

transvestite《トランスベスタイト》 「服装倒錯者、異性の服装をするひと」
（あ、ベルバラのオスカルさまも、宝塚の男役もそうですが）

transsexual《トランスセクシャル》 「性倒錯者、性転換者」
というジャンル（?）もありますね。transsexual の一部には、オカマやニューハーフも含まれると言っていいでしょう。

アンダーヘア は和製英語。正しくは pubic hair《ピュービック ヘアー》 と言います。pubic は「恥骨の、恥毛の」という形容詞です。「思春期」は puberty で、もともとの語源は「毛深くなる」から来ているようです。だいたい、under って形容詞ではなくて副詞だから under hair とは言えません。

Can I cut your pubic hair ?　「キミの下の毛、切っていい？」
Can I shave your pubic hair ?　「キミの下の毛、剃っていい？」

と訊いてくる男性というのはけっこういますね。そういうのが好きな方は yes と、そうでなければはっきり no と言ってくださいね。生えてくるときにチクチクしますし。

セレブ用語辞典（3） Lesson 3 デートの前に～Lesson 5 イン・ベッド

★ここまでで解説が必要な言葉をあげておきます。

シリコン・バレー

アメリカのサンフランシスコ郊外にあるIT企業が集中する地域。

アフォード

「買って、しかも維持することができる、購うだけの財力がある、（財力、体力などの）余裕がある」という意味の動詞。

ソシオ・エコノミック

社会における経済的なレベルのこと

承諾年齢

セックスを自発的にしてもよいと法的に定められた年齢のこと。

デンタル・フロス

歯間用糸ようじ。歯垢をきれいにクリーニングするための専用の糸。

フィニッシング・スクール finishing school

女性に社交術などを教える学校。主に教養とソーシャル・スキルを身につける。欧米の花嫁学校にあたる。

アペタイザー

前菜のこと。コース料理で最初に出される軽めの料理。

アントレー

主菜のこと。コース料理で前菜の後に出される主な料理。メイン・ディッシュ。

アッパー・ミドル

英語で「中の上」の意味。ハイソではないけれどもそれに近い社会的層のこと

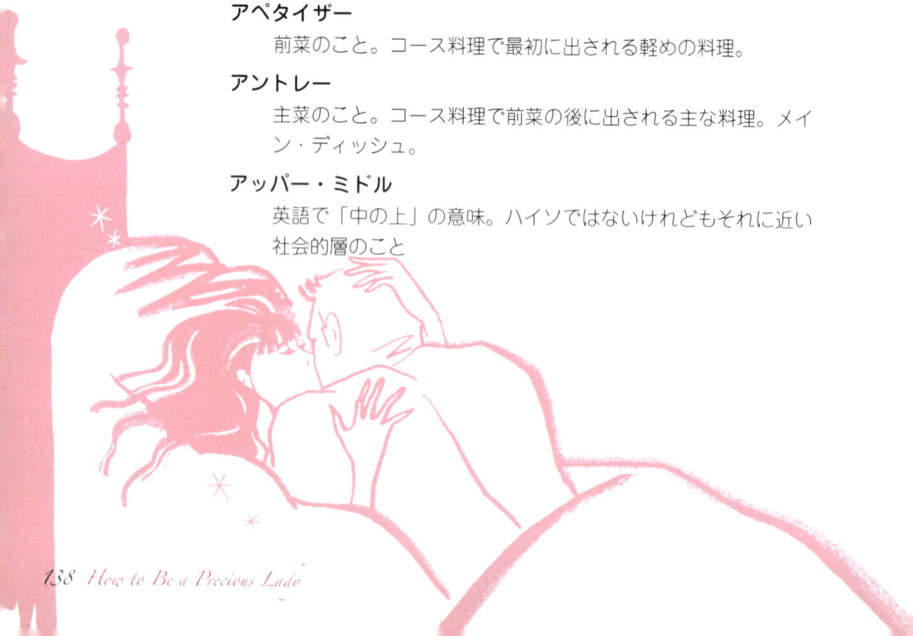

恋をモノにする

Lesson 6
Getting Love

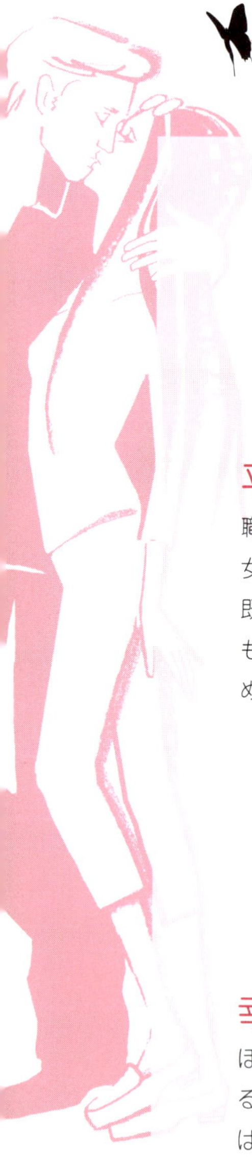

愛されるには教養は大切

The importance of refinement when it comes to a relationship.

私はここ2年あまり、平安貴族のような生活を送っています。ほとんど毎日、恋人と文（=e-mail）を交わし、逢瀬の後には歌を送り・・・。逢瀬の後には相手にも歌を強要して困惑させています（笑）。この2年、私のいちばんの仕事は「恋愛」と言っても過言ではありません。

平安時代の貴族や天皇が、恋愛の傍《かたわ》ら（?）政《まつりごと》を行い、職務に励んでいたように、貴族の女達も入内し、あるいは女房として天皇や皇族に仕えていました。未婚であっても既婚であってもそれは同じ。複数のパートナーを持つことも、必ずしも不貞とは見なされず、個人の度量の範囲で認められていました。

当時の女性にとって、もっとも重要だった資質としては、1に家柄・血筋、2に有力な後ろ盾（男親、男のきょうだいなど）、3に美しさ、4に教養の高さだったのではないかと思われます。

幸い、現代の恋愛の場においては、1の家柄や血筋はほとんど問われません。2の有力な後ろ盾については、いるに越したことはないですが（親や周りが大切にする女性は、周囲も一目置く、というのは枕草子の時代から変わっていません。よりよい教育を受けられたり、留学できたり、

いざというときに経済的な援助を受けられたり、強力な後ろ盾があった方がいいことは間違いないですね)、なくてもなんとかなります(自力でやっていくことは可能です。私が見本です)。

3の美しさに関しては、美しいに越したことはありませんが、現代では個性的な美人も尊重されますし、イザとなったら整形だってOK。また、そこまでしなくても最近はコスメやエステも発達していますし。その上、外国人が好む日本人女性の容貌というのは、人によってかなり差があります。おしょうゆ顔の美人も、派手な目鼻立ちの美人と同じくらい好まれます。

いまの時代に一流の欧米人とお付き合いするには、実は4の教養の高さがもっとも要求されるようです。反対に、平安時代には要求されなかった要素に、ユーモアのセンスが加わります。知性や教養の高さ、自信と同じくらい重要な要素です。**欧米において、ユーモアのセンスというのは、「あればなお可」といったレベルのものではなく、「これさえあれば他の札をひっくり返すことすらできる」、究極のジョーカーたりえるのです。**

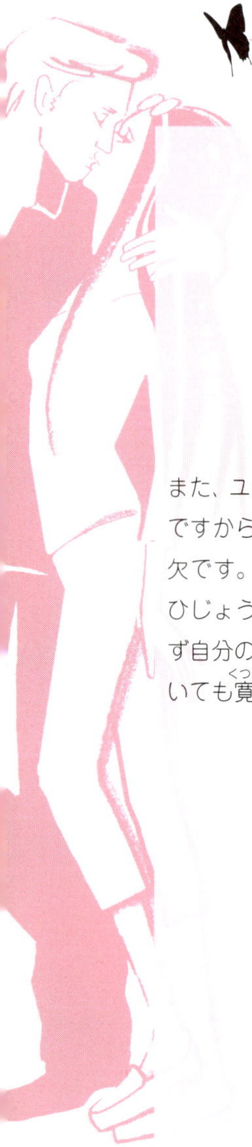

ユーモアのセンス

Sense of humor.

では、なぜ男女を問わずそれほどユーモアのセンスが求められるのかというと、２〜３のファクターが考えられます。まず、ユーモアというのは知性の閃《きらめ》きであること。日本人の中には人々を和ませる天然系も見られますが、天然系は欧米ではあまり珍重されません。これは、天然系の面白みというのは知性に裏づけされていないということと無関係とは思えません。

また、ユーモアのセンスというのは、基本的には「自分を笑うこと」ですから、「自分を客観的に見ることができる」という要素が不可欠です。「自分を客観視できる」というのは、実は男女を問わず、ひじょうに大事な資質です。「自分を客観視できない」人は、たえず自分のことで大騒ぎをしている人です。そういう人といっしょにいても寛《くつろ》げないし、気持ちに余裕が持てません。

「今日は髪型が決まらないから出かけたくない」、「1キロも太っちゃった」、「会社のみんなが、いつもいつも私を仲間はずれにするの」、「私ってかわいそう」、「いつも私ばっかり損するの」。そういうセリフしか口にしない女性というのは、想像しただけでゾッとしませんか？あるいは男性であっても、「オレって罪なオコトだぜ」、「オンナがまとわりついて離れないんだよな」、「そんなに言うなら、お前とも付き合ってやってもいいぜ」、「オレは有能なんだよ」。口を開けば自慢話かグチ、という人とはいっしょにいたくないでしょう？

恋人と出会わせてくれたユーモア

The humor that won me my love.

現在の恋人と初めて会ったとき。復活祭のカーニバルの頃だったので、ネクタイを着けていました。女性用のネクタイではなく、男性用のブランド物。本物です。もちろん、ネクタイを合わせてもおかしくないような格好でした。「どうしてネクタイを着けているの？」と訊かれ、「今日はカーニバルだから扮装しているの」と答えると（南欧ではカーニバルに仮装をします)、「誰の扮装なの？」。「それが分からないの」と答えるとウケていました。自分ではサラリーマンのパロディのつもりだったのですが、特に誰と想定していたわけではなかったし・・・。

また、北京に出張の際にホテルから空港に移動するのに maglev《マグレヴ》 train《トレイン》 に乗ったという話を聞いたとき。magnetic《マグネティック》 levitation《リヴテェイション》（磁気浮上）の略だけ教えられてもピンと来なかったのですが、日本ではいわゆる「リニア・モーター・カー」（Linear Motor Car）と呼ばれるアレだったのです。辞書を調べてようやく分かりました。そこで私は、素直に「Dr. Maglev（＝ロシア人）が発明したから maglev train と言うのかと思いました」と言ってみました。やはりウケていました。そんな人、いないし。

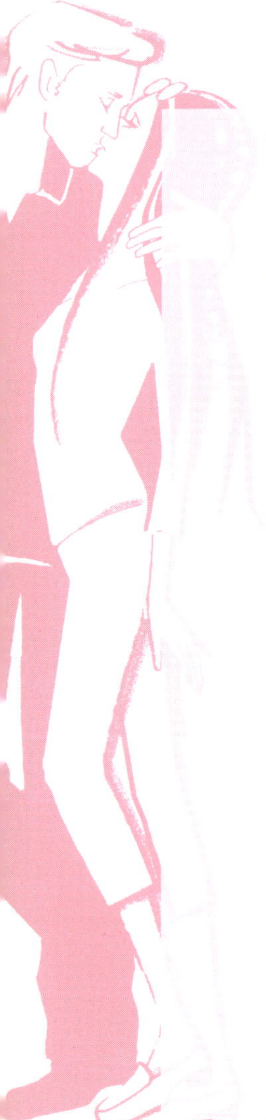

他にも、小学校６年生のときに初めて英語を話す外国人と会ったとき（大叔父を見舞いに行った病院ででした）、父の職業を訊かれて、My《マイ》 father《ファーザー》 is《イズ》 a《ア》 cock《コック》 !「父はおちんちんです！」と元気に答えた話など。下ネタには違いありませんが実話ですし、誰に話しても笑いの取れる強力なネタです。

ちなみに、英語で「父はコック（ここでは調理師のことですね）です」と言いたいときには、

My《マイ》 father《ファザー》 is《イズ》 a《ア》 cook《クック》.
My《マイ》 father《ファザー》 is《イズ》 a《ア》 chef《シェフ》.
と言うべきです。chef の方が cook よりも高級な表現ですが、元々フランス語の chef 自体には、「料理人」という意味はなく、「チーフ」という意味なようです。つまり、「たくさん料理人がいる中の、いちばんエライ人」を指していた言葉が転用されて定着したようです。

Well, you know, a sense of humor means so much to me !
（えーと、まあ、そういう訳で、ユーモアのセンスというのは私にとってはとても大切な要素なのです。）

愛は世界を広げるのです

Love extends your world.

話は前後しますが、**彼が分からない言葉や話題を出してきたら、まず最初は自分で調べるのが鉄則です**。辞書を引いたり、インターネットで検索してみたり。いまの時代、たいていのことはインターネットで調べられますし、便利ですね。それでも分からなかったり、辞書を引く時間がなかったりしたら、本人に直接訊いてみるとよいでしょう。

繰り返しになりますが、**人と付き合うということは、自分の世界が広がるということ**。知的好奇心を忘れずに、日々精進していきたいものです。今日習ったことは明日には役に立つし、**彼を通して広がった知識は、一生を通じて武器にも宝にもなるのです。**

Isn't it great to have someone else in your life ?
(人生に自分以外のひとがいるってすばらしいことではないですか？)

本気になる前に

Before getting serious.

不倫でもOKというひと以外、相手に妻子があるかどうかはチェック・ポイントですよね。

その際にあからさまでない訊き方として、

Do you have a family ? ★41

という表現をお奨めします。「家族はいますか？」という意味ですが、この「家族」には両親やきょうだいは含まれません。自分が結婚して（子供などがいる）場合にのみ、yesと答えることになります。

Do you have a family ? と訊ねて、返事がyesだったら、少なくても妻帯しているということです。

もっと直接的に

Are you married ? ★41

「結婚してますか？」
と訊くのもいいですね。

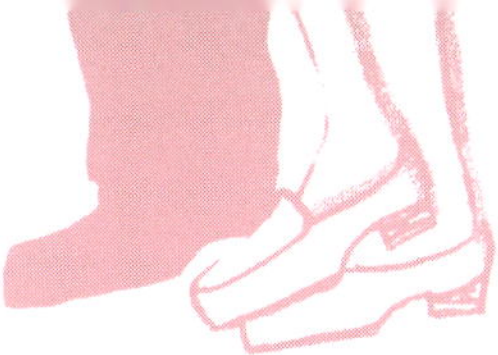

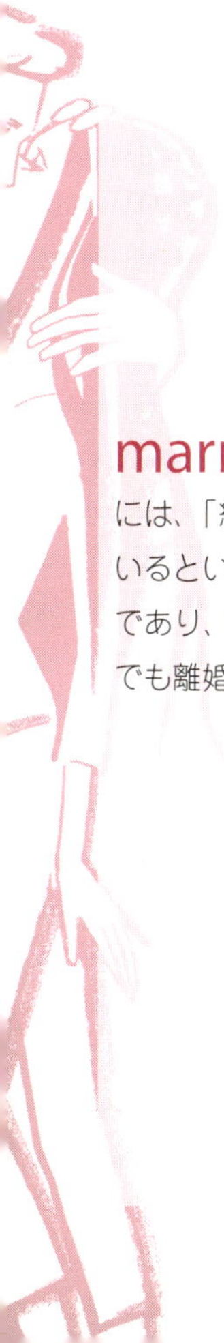

現状を表す言い方としては、

married《マリード》

separated《セパレイティド》

divorced《ディヴォースト》

widowered《ウィドワード》（あるいは a widower）

single《シングル》

never been married《ネヴァー ビーン マリード》

unmarried《アンマリード》

attached《アタッチト》

unattached《アンアタッチド》

などがあります。

married は形容詞。つまり、英語では、「既婚」と言うときには、「結婚している」状態を指すのです。いま現在は「結婚しているという状態」であるだけだし、厳密に言うと「結婚」は、「契約」であり、「契約破棄」もあり得るのです。まあ、現在ではどこの国でも離婚は珍しくありませんが・・・。

separated は「別居」。

特に日本で働いている欧米人は、本国に家族を置いてきている場合があります。子供の学校のためだとか、夫婦仲が悪くなくても別居している場合がありますので、注意が必要です。「別居中」だからといって離婚の準備中とは限りませんので、騙《だま》されないようにね。

divorced は「離婚している」、「離婚歴がある」、「バツイチ(＝バツ２やバツ３の場合もアリ)」。

２回離婚歴があっても、３回離婚歴があっても、フツーは単に divorced と言います。

逆に、何回離婚歴があろうと、再婚している場合には divorced とは言いわず、married、あるいは remarried と言うべきで、再婚しているのに divorced と強調するのはおかしい。

I got divorced and then got remarried. ★42

「離婚後、再婚しました」のように正確に言わないとダメ。騙されないでね。

widowered は「死別」の男性形の形容詞。直訳すると、「男やもめです」。

I am a widower. ★42

「私は男やもめです」と、名詞を使う方が一般的です。こ

の場合も、再婚しているときにはフツー使いません。再婚している場合には、

I was a widower and then I got remarried. ★42

「妻に死なれた後、再婚しました」のように言います。

single は文字通り「シングル」。独身。けれども、上述のとおり、円満に別居しているだけなのに、「私は東京では単身（赴任）です」と、わざと間違って single を使うオトコもいますから、気をつけてね。

念を押したいときには、

Do you have a wife anywhere ? ★42

Do you mean that you are unmarried ? ★42

と訊いてみるのもいいですね。

Don't you have a wife anywhere ? ★42

「どこかに奥さんがいらっしゃるんじゃないの？」、「どこにも奥さんはいらっしゃらないの？」

Do you mean that you are unmarried ? ★42

「結婚してない、ってこと？」

「1 度も結婚したことがない」、「婚歴がない」というときには

Never been married

を使います。

上述の場合にも

Do you mean you have never been married ? ★42

「1 度も結婚したことがないってこと？」、「婚歴がないの？」と訊くともっといいですね。より多くの情報が得られます。

「私は 1 度も結婚したことがないの」と言いたいときには、

I have never been married. ★42

と言います。

unmarried というのは、「現在結婚していない」状態を指します。つまり、離婚歴や死別した配偶者がいても使える表現です。逆に、別居中であろうが、離婚調停中であろうが、配偶者がいる限り、unmarried と言ったらウソになります。

他にぜひ知っておきたい表現に、attached と unattached があります。

「アタッチト」は、電化製品などの「アタッチメント」と同じように、attach ＝「くっつける、結びつける」から派生した語です。「（誰かが）くっついている」、「誰かと（愛情によって）結ばれている」という意味で、同棲していたり、ステディな相手がいるときに使います。

「誰か決まったひとがいるの？」と訊きたいときには
Are you attached ? ★43
と訊くだけで OK。誰かいたなら yes、誰もいなければ no と返事が返ってくるはず。

unattached は attached の反意語だから、「誰も決まったひとがいない」状態をさします。ステディでないボーイフレンドやガールフレンドがいる場合にも使えますから、まったくのフリーでなくても使えます。

I am not attached. ★43
I am unattached. ★43

は、共に、「決まったひとはいません」という意味です。

Are you attached ? — I am !
（あなたには決まったひとがいますか？ 私にはいます！）

子持ちですか？

Do you have children ?

Do you have children ?

もぜひ訊きたい質問です。というのも、いくら離婚していても、特にアメリカでは、子供がいる場合、収入の半分以上を子供の養育費として元妻に取られている場合が多いからです。少なくても欧米では、子供は産んじゃった者勝ちのようですね・・・。こういう離婚している父親というのは素寒貧な場合が多いので、リッチなデートやリッチな未来はあまり期待できません。ご注意を。

I'm married with children. ★44

「妻子がいます」、あるいは「夫と子供がいます」。「結婚していて、子供もいます」という意味ですね。もちろん、子供がひとりしかいなければ、

I'm married with a child. ★44

となります。

ちなみに私は結婚していますが、結婚していてもカンケイないみたいで、よくモテますよ。関係ないどころか、割り切った付き合いを希望する男性にとっては、願ったり叶ったりのようです。離婚した女性がモテるという話はよく聞きますが、場合によっては既婚の女性もモテモテです。ご参考までに。

結婚して子供もいるけれど、アヴァンチュールを楽しみたい、でも絶対に家庭を壊したくない、という場合には、

I'm happily married with children. ★44

と言います。happily を付け加えるわけですね。「結婚して子供もいて、いまの生活には満足しているの。（離婚する気はないの）」という意味になります。

「じゃあ、どうしてナンパなんかしてるんだ？」
と訊かれたら？

Well, I am married but I am looking. ★45
「う〜ん。結婚をしてはいるけれど、（恋人を）捜してるの」

Well, I am married but I am looking for somebody new. ★45
「う〜ん。結婚をしてはいるけれど、新しいひとを捜してるの」

Well, I am married but I am looking for a rewarding relationship. ★45
「う〜ん。結婚をしてはいるけれど、お互いに利益になるような関係を捜してるの」

などと答えてください。

三番目は、援交を連想させるかも知れませんので、いいオトナは使うときに注意してくださいね。

もしも

What do you mean by that? ★46　「どういう意味？」
What do you want? ★46　「なにが欲しいの？」
Tell me what you want. ★46　「なにが欲しいか教えて」

などと言われたら、ここがチャンス。はっきりと返事をしましょう。

No, no. Just a discreet boyfriend. ★47
「違うの。ただ、秘密の恋人が欲しいだけなの」

I need some money. ★47
「少しお金が必要なの」

I want you to take me to good restaurants and hotels. ★47
「いいレストランやホテルに連れていって欲しいの」

Will you buy me a Prada bag? ★47
「プラダのバッグ、買ってくれる？」

相手を虜にする会話

Conversation that captivates men.

出会いはどんな経緯からであっても、好みの男性と知り合ったあとは、虜にするだけ。

ここから先は筆者の超得意な分野です。一生に1度だけご教授いたしましょう。言葉で誘惑。言葉で虜に。とくとお付き合いください。

あなたといるととても楽しい I love being with you.
お付き合いが始まった頃、「あなたといるととても楽しい」、「あなたといるととても幸せ」という気持ちを素直に伝えるには・・・?

I love being with you. ★48
「あなたといるのが大好き」

I love your company. ★48
「あなたと時間を過ごすのが大好き」

You make me happy. ★48
「あなたは私を幸せにする」

It feels right to be with you. ★48
「あなたといっしょにいるとしっくりくるの」

あなたが好きなの I love you

いちばん有名で一般的なのは

I love you. ★49

ですが、これは私たちが考えている愛の言葉とは少しニュアンスが違うかも知れません。

I love you. くらいは、私は浮気相手にでも言います。というのも、私の感覚では、日本語の「あなたを愛しています」と同等のインパクトがあるとは思えないからです。いちばん最初に I love you. と言ったり言われたりするときには緊張しますが、2回目以降は価値は半減するんじゃないかな、という印象があります。

欧米でひとが死ぬときに、家族にひと言残すとしたら絶対に、I love you. ですね。もちろん、恋人や配偶者にもそう言うでしょうが、このことから分かるように、必ずしも「恋心の吐露《とろ》」とは言い切れないようです。

では、「あなたに恋している」と告白したいときには、

I am in love with you. ★49

と言うべきでしょう。浮気相手くらいなら、ほんとうに夢中になってしまっても言わない方が親切かも知れません。私はたぶん言わないかと思います。だから、I love you. と言われただけで安心してしまうのは早い、とも言えます。

婚約や結婚に乗り気でない彼に、あまり I love you. や I am in love with you. を連発してはいけません。逃げられるのがオチです。逆に、持て余していたり、もう飽きていたり、別れたかったりするときには、

> I love you. I am in love with you. I want to marry you. I want to have children with you.
> 「愛しています。あなたに恋しています。あなたと結婚してあなたの子供を産みたいわ」
> と言いなさいというのは本当です。フツーのオトコは一発で逃げていきます（にっこり）。

そういう事態を避けるために、相手に負担にならない「好き」の表現をあげておきますね。

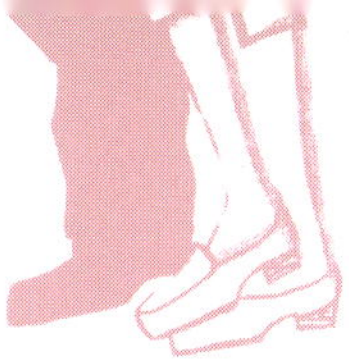

I like you very much. ★49

「あなたのことがとても好き」
中学英語ですが、充分気持ちは伝わるかと思います。

I fancy you. ★49 「あなたが好きなの」

fancy はイギリス英語ですから、アメリカ人に言われたことはないし、私も使ったことはないけれど、機会があったら使ってみたいキレイな表現です。感覚的には、like と love の中間くらい。憧れているという意味と、（性的に）魅力を感じる、といった意味合いがあります。イギリスでは中学生（や小学生）でも使います。

I feel for you. ★49

これはジャスティン・ティンバーレイクの「セニョリータ」にもあった表現ですが、「キミを見ていると感じるんだ」というか、「キミに感情を動かされる」という意味でしょう。もちろんいい意味で、ですが。

同じバージョンとして、
I feel deeply for you. ★49
「キミを見ていると深く感情を動かされる」、「深く気持ちをかき乱される」
I feel strongly for you. ★49
「キミを見ていると強く感情を動かされる」、「強く気持ちをかき乱される」
という意味合いです。

便宜上、男言葉で訳してありますが、女性が使っても大丈夫。

定番ですが、

I want you. ★49　「あなたが欲しいの」

I need you. ★49　「私にはあなたが必要なの」

というのも力強い表現には違いありません。

あなたを誇りに思う I am proud of you.

この章では、「あなたを誇りに思う」、「あなたを尊敬する」という表現について触れていきたいと思います。

一般的に、女性は「キレイだね」、「可愛いね」と言われるよりも、「キミは知的だね」と言われる方が嬉しいというのは本当ではないでしょうか。

日本人男性というのは自分自身がどんなにエリートであっても、知的な女性やあまりに仕事のできる女性は敬遠してしまう傾向があるようですね。でも、欧米人のレベルの高い男性は、女性は知的なら知的なほどよいと考えているひとが多いようです。

日本人女性の大半は「控えめに」、「目立たないように」、「議論で男性を言い負かしたりしないように」育てられてきているかと思います。個人的には、「能ある鷹は爪を隠す」、

日本人女性特有の内に秘めた知性や賢さというのはキライではないですが、欧米人男性が相手のときには遠慮しなくても大丈夫。

まあ、相手がほんとうに一定のレベルに達していれば、どんなに奥ゆかしくしていても女性の知的レベルが分からないということはありえないかと思いますが・・・。なにか意見を訊かれたときには、自分が考えたことや信じるところを堂々と言ってあげてください。

日本の文化は「和」を尊ぶ文化ですので、AとBと意見が分かれたらそれだけで気まずく感じてしまったり、あるいは「同意しない私に対して相手が怒るのではないか？」と心配してしまうかと思います。けれども、欧米人が相手の場合にはその心配は無用です。

あるテーマに関する意見が違っても、充分友達でいられるし、恋人でもいられます。夫婦だって、支持する政党や信じる宗教が違ったりするでしょう？大丈夫です。逆に、「ボクはAがいいと思う」と言われたときに、「ごめんなさい。私、Bがいいと思っていた。これからは改めるわ」と言ったりしたら、「なんでぇ?!」と不思議がられるのがオチです。悪くすると、「自分の意見がない女性」、「自分というものがない女性」だと誤解されかねません。

議論をしたり、あるいはたわいないおしゃべりでもいいのですが、どうして話をするのかというと、「お

互いをよく知るため」ですね。欧米では、いつも自分と意見が合うから付き合う、ということはまずなくて、自分とは意見が違うけれども、彼女には独自の意見があるということを尊重し、そういう女性が尊敬されます。私事で恐縮ですが、私など、言葉だけで超一流の男性をコマし続けてきた、と言っても過言ではございません。言葉というのは、人格、教育レベル、交友関係、生育歴、フィロソフィー（＝人生観、信条）、すべてが出るので恐ろしいものです。付け焼刃ではなかなか通用しませんが、これからあげていく表現は、かなりヒントになるのではないかと信じます。

キミのことを誇りに思うよ **I am proud of you.**

私がこれまで言われたなかでいちばん嬉しかった誉め言葉は、実は

I am proud of you. ★50

「キミのことを誇りに思うよ」

でした。

もちろん、そう言ってくれた恋人が超一流の男性だったから、ということはあります。誰にでも言われて嬉しい言葉ではないですね。

特に、2004 年、病を得、事情により家族のサポートが受けらず、ひとりで現地の医療制度と戦っていました。八方塞のうえに現地語の医療用語までは分からず、担当医に嫌がらせを受けたり、最低の気分のときに、恋人は「それでも自分だけの力で検査を受けにいくキミをボクは誇りに思うよ」と言ってくれたのです。

あなたの恋人がなにか困難にぶつかっているとき。あるいは、期待していた昇進が見送りになったり、ライバルに追い越されたりしたとき。「それでも私はあなたを誇りに思う」と宣言してあげてください。彼にとって、あなたはかけがえのない女性になることでしょう。逆境のときだけでなく、彼が昇進したり、試験に合格したり、なにかで成功したときにも、もちろん言ってあげてください。

逆境のときには心の底から相手を信じて励まし、嬉しいときには自分のことのように喜んでくれる女性というのは、得がたい宝物です。必ずや、大切にされることでしょう。

キミを尊敬しているよ　I respect you.

「あなたを尊敬しているわ」、「キミを尊敬しているよ」
「キミの価値が高いと思っている」、「あなたの価値が高いということを知っている」。

森鴎外の愛娘でいらした森茉莉《まり》さんは、生涯お父様に「お茉莉は上等、お茉莉は上等」と言われてらしたそうですが、「キミは上等だよ」、「あなたはクラスが上よ」と英語で言うとこうなるかと思います。私も言われると嬉しい表現です。

You have an inner maturity, about life and people. I admire and respect you. ★50
「キミは内面が成熟している――人生や人々に対して。ボクはキミを尊敬し賞賛する」

と実際に言われたことがあります。

I admire you. ★50

「キミを賞賛する」、「あなたを賞賛します」、「キミは素晴らしい」、「あなたは素晴らしい」
力強い表現のひとつです。

ハートを鷲づかみの表現
Expressions that capture his heart.

相手を思いやること。見返りを期待せずに愛すること。相手の肩書きやパッケージに関係なく愛することが大切ですね。私の現在の恋人は技術者としてもビジネス・マンとしても天才的で、私は彼を心の底から尊敬していますが、超一流の男性であればあるほど、地位が高くなれば高くなるほど、肩書きやパッケージではなく本人を見て欲しいという欲求が強くなるようです。

大物の政治家や企業のトップともなると、利権やおこぼれ、あるいはネーム・バリューだけで女性を惹きつけることが可能です。お金目当てや玉の輿狙いの女性は引きも切りません。

そういう優秀な男性とお付き合いする際には、**「あなたという人間を、あなたのパーソナリティを見ているのよ」**というメッセージを伝えることが重要。反対に、私のようなまだまだ成功を収めていない主婦（?）であっても、「キミという人間を見ているよ。ボクが興味があるのはキミ自身だけだよ。キミが世間に認められても認められなくても、変わらずにキミを見守って慈しんでいくよ」と言われると、心の底から幸せな気持ちになります。

世の中でいちばん大切なものはお金では買えません。知性と自信を身につけ、ユーモアのセンスに溢れ、なおかつ誇り高く（自分に自信のある人は誰でも、自尊心を身につけているものでしょうし）、人を思いやり、一途に相手を愛しつづける女性というのは、実はお金では買えないのです。そういう女性になり、**それを相手に伝えることができれば、あなたは一生愛され、尊敬され、幸せな人生を送ることができると確信します。**

I love your person. ★51

「あなたという人が好きなの」、「あなたの人格が好きなの」

I don't care what you do. No matter what you do, I will always love you. ★51

「あなたがなにをしても構わない（＝あなたがなにをする人であっても構わない）。あなたがなにをしようと、私はずっとあなたを愛しつづける」

Let me prove I am worthy. ★51

「私には価値があるということを証明させてね」

Let me prove I deserve you. ★51

「私があなたに相応しいということを証明させてね」

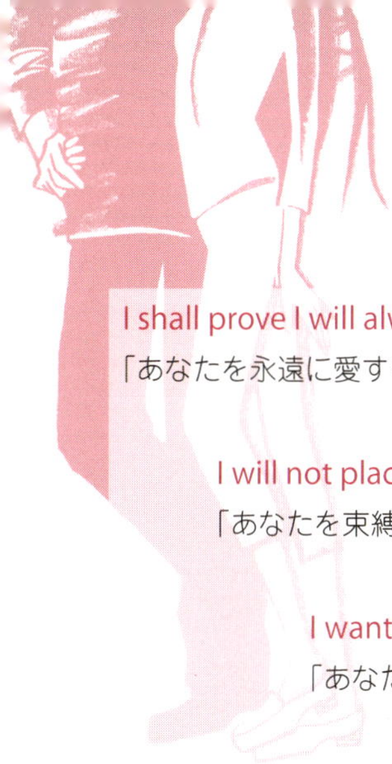

I shall prove I will always love you. ★51

「あなたを永遠に愛するということを時間をかけて証明するわね」

I will not place demands on you. ★51

「あなたを束縛したり、あなたに命令したりしないわ」

I want you to take a good rest. ★51

「あなたにゆっくり休息をとって欲しいの」

「あなたに〜して欲しい」という表現はポイントが高いですが、もちろん相手を思いやる表現になっていないと意味がありません。「あなたにティファニーの指輪を買って欲しいの」、「あなたにハワイに連れていって欲しいの」ではダメということです（にっこり）。

最近、 仕事が忙しいようでなかなか逢えない。疑心暗鬼になりそう。それでも、本人が「忙しくて寝るヒマもない」と言っているのに、「愛しているなら、逢いにきて！」、「もっと私に時間を割いて！」などとわがままばかり言っていくのは子供のすること。
反対に、「あなたと２週間も逢えないと不安になるけれど、私はあなたのことを信じてる。あなたにゆっくり休息をとって欲しいの」と言われた方が、ムリをしてでも逢いに行こうと思うものではないでしょうか。付き合う限りは相手を信じるしかないし、信じられないようないい加減な相手なら付き合わない方がマシ。

You make my life complete. ★52

「あなたは私の人生を完ぺきなものにする」、「あなたさえいてくれれば、私の人生は満ち足りたものになるの」

あるいは、いま逆境にあって、「辛いけれど、あなたさえいてくれればがんばれる」と言いたいときには、

You make my life tolerable. ★52

私も昔の恋人に言ったことがあります。

I trust you. ★52

あるいは

I believe in you. ★52

「あなたを信じてる」

まあ、本当に信じていれば口にする必要はない、という考え方もありますが、要所・要所で、目に星を飛ばしながら、「あなたを信じてる」と言うのは有効ではないかと思います。良心のある男性なら、信じてくれる女性にそんな酷《むご》いことはしないと思いますが、万一ワルいのに当たってしまったら、勉強だと思って次に活かしてくださいね。

I trust your judgment. ★52

「あなたの判断を信じるわ」

実は、 まだ前の彼女にも心が動いている。新しく魅力的な女性と知り合った・・・。
彼からそんな告白を受けたら、あなたならどうしますか？ 私なら、きっと傷つくとは思うけれど、「少し考える時間が必要？ 私から距離をおいて考えたい？・・・あなたの判断を信じるわ」と言うと思います。

毎日逢ってる方に情が移る、というのは人間の性《さが》ですが、毎日逢って束縛し合わないと維持できないような関係なんて、脆弱なもの。**「あなたの判断を信じるわ」と、心の底から言い切れる女性の方が徳が高いかと思います。**まあ、徳が高い女性が恋愛に勝つとは限らないけれど・・・。ご参考までに。

I respect your decision. ★52

「あなたの決意を尊重するわ」

そこで出た答えが、「ゴメン。やっぱり彼女はボクがいないとダメなんだ」、「彼女の方により惹かれてる」ということだったら。ひと言、**「あなたの決意を尊重するわ」と言って、あっさり別れてあげましょう。別れ際がキレイな女性というのは格が高いです。**今回は泣いても、次回からは泣かなくて済むようになります。私が保証します。

Cry over a broken relationship. Cry as much as you want, cry as much as you can. Then within some time, you will pick yourself up and be able to start all over again...

(失恋したらお泣きなさい。泣きたいだけ、泣けるだけお泣きなさい。そのうち気持ちが落ち着いて、また一からやり直す元気が出てきますよ・・・。)

お付き合いが深まって

Getting serious.

この章では、愛だの恋だの好きだの言わずに、相手の心を鷲づかみにする表現をあげておきます。お付き合いが深まってきて、愛情が募ってきました。カラダで伝えたり、表情で伝えたりもいいのですが、言葉で伝えるときの参考表現をあげておきますね。

以下に挙げる以外にもMTVのビデオ・クリップなど、参考になります。ただし、流行り言葉を使いすぎるのは逆効果のときもあるし、可能なら、猿真似よりは少しヒネった方がいいですね。セックスの最中にI'm loving it.（＝マクドナルドのキャッチコピー）と言われたら、私なら吹き出すか萎えちゃうかのどっちかだと思います。「おい、オレはマックの100円バーガーかよ?!」と・・・。

多少、英語がブロークンだろうが、心の底からそう感じたら、言っていってOK。

私はときどき、「これは私のオトコだ!」と感じることがあります。結婚しているので、そういうときにもストレートに相手にぶつけるということはしませんが、未婚の方ならどんどん言っていってもいいのではないかと思います。

I love you more and more. ★53

「あなたのこと、どんどん好きになるの」

I love you more than yesterday but less than tomorrow. ★53

「あなたのこと、今日は昨日よりも好き。でも、明日はもっと好きになる」
ヨーロッパの一部でよく使われている表現ですが、英語ではちょっと新鮮かも。

I love you more than anybody in the world. ★53

「世界でいちばんあなたが好き」、「世界中の誰よりもあなたが好き」
ストレートでよろしいかも。せっかく付き合ったなら、別れがくる前に１度は言っておきたいセリフですね。私の場合、娘がいるのでこれを言ってしまうとウソになるので言えませんが・・・。

I want to be good for you. ★53

「あなたのためになりたいの」(＝あなたに相応しい女性になりたい、あなたを幸せにしてあげたい、といったニュアンスがあります。)

I want to be the woman of your dreams. ★53

「あなたの理想の女性になりたいの」

I always want to be the woman of your life. ★53

「あなたの一生でひとりの女性になりたいの」、「あなたのいちばん大事な女性になりたいの」

I can't stop loving you. ★54

「あなたを愛さずにはいられないの」、
「あなたを愛する気持ちを止められないの」

I want to be with you forever. ★54

「永遠にあなたといっしょにいたいの」
ちょっとくどいかも。イヤがるひとはイヤがりますね。ロマンティックなひとに言うと喜ばれるかも。駆け引きは別として、それが本心なら言ってもいいと思いますが。

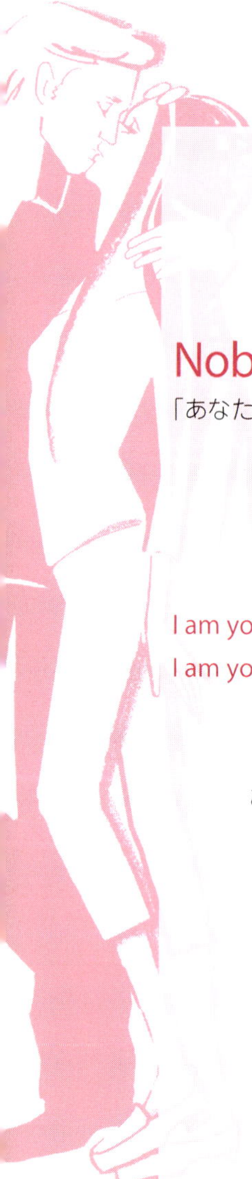

I don't want anybody else. ★54
「他には誰も欲しくないの」、「あなたひとりが欲しいのよ」(お座敷小唄より)

Nobody else can make me happy. ★54
「あなた以外の誰も私を幸せにできない」

You are mine ! ★54　「あなたの私のものよ !」
You are my man ! ★54　「あなたは私のオトコよ !」

I am yours. ★54　「私はあなたのものよ」
I am your woman. ★54　「私はあなたのオンナよ」

あ、

I am your girl. ★54
もアリですね。ただし、上限30歳くらいまででしょうか。まあ、40過ぎてそう言うのもアジがあっていいかと思いますが・・・。

ずいぶん年上の男性に my boy などと呼びかけるのもアリですね。Daddy とかよりはずっと新鮮で喜ばれるはず。

「あなたの私のものよ！」などと所有権を主張しない代わりに、私の場合、手紙の宛名に

My Jack,　「私のジャックへ」
Darling my Jack,　「私の可愛いジャックへ」
Watashi no Jack,　「私のジャックへ」（そのママ）

などと書いたりします。

Watashi no Jack, ていどの日本語ならちょっと調べるなりひとに訊くなりすれば分かりますからね（にっこり）。もしあなたの名前が「ユリ」なら、
Yuri no Jack
くらいは書いてもいいと思いますよ。

私がいま恋人に言いたいセリフは

Daisuki.

日本語です。闘病中にサポートしてくれた彼に、ますます惚れました。今度逢ったら絶対に言いたいです。「どういう意味？」、「なんて言ったの？」と訊かれたら、I love you. だと答えておくと思います。本当はもっと深い気持ちがこもっているのだけれど・・・。

愛の言葉は英語に限りません。日本語が分かる彼なら、心の底から湧いてくる日本語で気持ちを伝えるのもステキ。たとえ分からなくても、辞書くらいは引いてくれるでしょう。

スペイン語の Te quiero.（テ・キエロ）など、とてもキレイだと思います。スペイン語で I love you. は、実際には Te amo.（テ・アモ）なのですが、これは、「神（＝造物主）が人間（＝衆生）を愛するようなニュートラルな感情を表すようで、男女間の恋愛感情を表すのには、もっぱら Te quiero. の方を使います。直訳は、I want you. ですが、英語の I love you. 同様、家族間でも使われます。

若いうちは、相手を本当に愛しているのか、欲しいだけなのか分からなかったりしますが（ん～、年を取ってからも分からなかったりしますが・・・)、Te quiero. なら、そんなふたつの感情を分けたり分析したりすることなく使っても OK です（にっこり)。

There are many beautiful expressions in every language. Try to learn some !
（すべての言語にはたくさんの美しい表現があります。少し学んでみましょう！）

遠恋向きの表現

Expressions for a long-distance relationship.

私はここのところ、究極の遠距離恋愛ばかりですが、遠恋向きの表現を挙げておきます。物理的に別れて住んでいなくても、仕事が忙しくて会えない彼や、出張やなにかで一時離れているときにも使えます。

I long for you. ★55

「キミに（あるいはあなたに）憧れる」。「焦がれている」
遠距離恋愛向きの表現ですね。

You are always in my thoughts. ★55

「いつもキミのことを考えている」、「キミはいつもボクの心の中にいるよ」
も遠恋向きの表現ですね。

imagine（想像してみて）を使った表現も応用範囲が広いです。

Imagine I am in your arms. ★55

「私があなたの腕の中にいるって想像してみて」

Imagine I am next to you in bed. ★55

「私がベッドであなたの隣にいるって想像してみて」

Imagine I am next to you in bed naked. ★55

「私がベッドであなたの隣に裸でいるって想像してみて」

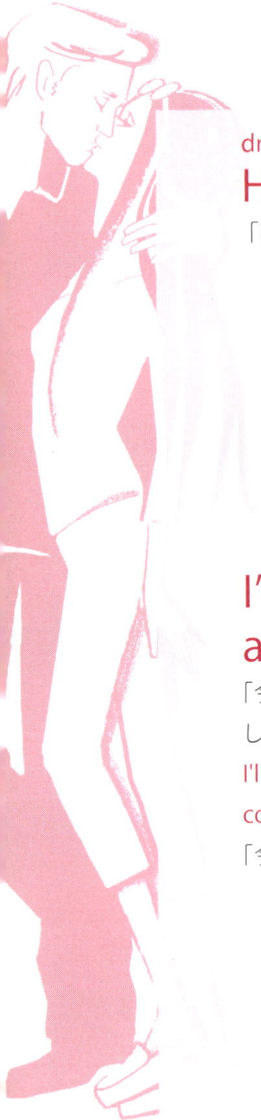

dreams も同様。

Hold me in your dreams. ★56

「夢の中で私を抱きしめて」

遠恋に限りませんが、fantasize というのも、セクシーな表現です。「(セクシーな) 空想や幻想にふける, 白日無夢を見る」という意味です。言い換えれば「妄想する」。

I've been fantasizing you this afternoon. ★56

「今日の午後はずっと、あなたのことをエロティックに空想していたの」。

I'll just fantasize about you being hidden under the covers tonight. ★56

「今晩はキミのことをエロティックに空想するよ」。

I wish も応用が効く表現ですね。

I wish you were here. ★56
「あなたがここにいてくれたらいいのに・・・」

I wish I were in your arms right now. ★56
「いまあなたの腕に中にいたい・・・」、
「いまあなたの腕の中にいられたならいいのに・・・」

I wish I were in your arms, resting my head on your chest, caressing your shoulders and arms and getting down all the way. ★57
「いまこのとき、あなたの腕に中にいたらと思うの、私の頭をあなたの胸に埋めながら、あなたの肩から腕を愛撫しながら、優しく下の方に手を伸ばしていくの」

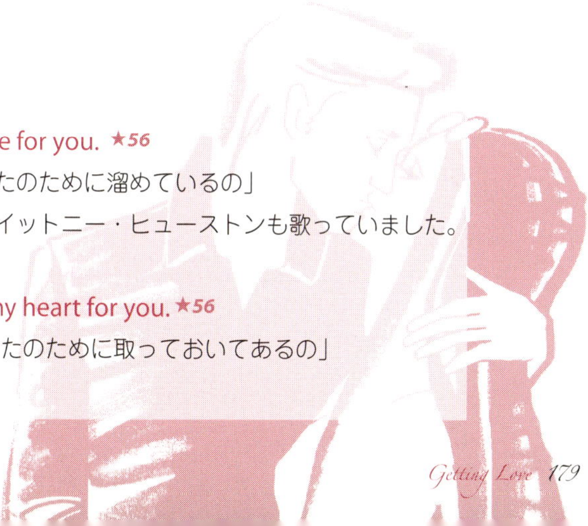

I'm saving all my love for you. ★56
「私の愛をすべてあなたのために溜めているの」
ホイットニー・ヒューストンも歌っていました。

I am saving my heart for you. ★56
「私の心をあなたのために取っておいてあるの」

よしなしごと

Miscellaneous.

さて、私がこれまでに実際に捧げたり捧げられたりした中から、その他のキレイな表現とセクシーな表現を挙げておきます。

You are somebody special. ★57

「キミは特別な人だ」

special というのは「特別」という意味ですが、それこそ特別な人や物にしか使えない表現です。「とても大切な」という意味合いも含まれ、一般的に否定的な文脈では使いません。

まだ日本で英会話を教えていたときのこと。モデル志望の、一風「変わった」アメリカ人の同僚がいました。彼女にはエピソードが多いのですが、そんな彼女の噂話をしていたときのこと。「彼女は＜特別な＞人だから（仕方ないわよ）」とコメントしたところ、＜特別でない＞、常識や良識をわきまえた別のアメリカ人の同僚からたしなめられました。「彼女のことを指すのに、special という表現は止めてちょうだい」。良識をわきまえた同僚は、わきまえていない彼女に迷惑をこうむっていたのです。

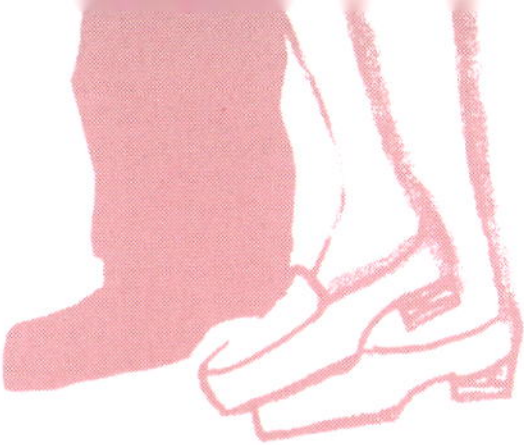

そこで、「じゃあ、代わりになんて言えばいいの？」と訊ねたところ、different という表現を教えてもらいました。「変わった、風変わりの」というくらいの意味です。

special に関連して、

You are so precious to me. ★57

「キミはボクにとって大切な人だ」

precious という単語もポイントが高いですね。
precious stones（貴金属）のように、「高価な、貴重な、値打ちがある」という意味合いが出てきます。また、「金銭で評価できないくらい希少価値が高い」という意味合いも。

I feel lucky to have you. ★57

「キミがいてくれて僕はラッキーな気持ちだよ」
この文章も応用が効いて、

I am lucky to know you. ★57

同じく、「キミと知り合えて僕はラッキーだ」などなど。

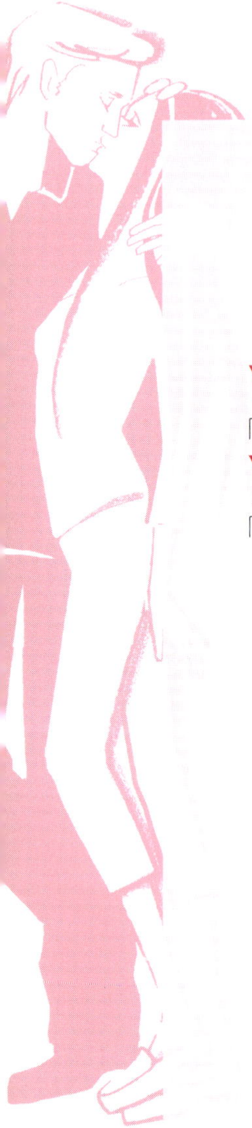

You have already opened my heart ; you will open my ... everything. ★57

「あなたはすでに私のハートを開いたのですもの。私の・・・すべてを開くことができるわ」

You are a dream come true. ★57

「キミは現実になった夢だ」

You are my dream come true. ★57

「キミはボクの現実になった夢だ」

残念ながら、夫が娘によくいうセリフです。

そう言えば、私も娘にはよく、

You are my treasure. ★57

「あなたは私の宝物よ」

と言いますね。

You are my soul mate.★57

というのも、欧米人は好んで使います。辞書を引くと、「心の友，相性のいい人」とありますが、私の感覚では、「魂のパートナー」、「運命の人」でしょうか。たぶん、soul mate はふたり以上いてもいいのかも知れないけれど、個人的には私は 1 度にひとりがいいと思います。あまり親しくない人やどうでもいい人に

You are my soul mate.

と言われるとムカつきますので、
使用に際しては注意が必要です。

How come we get offended given a compliment from those we despise ?
（軽蔑するひとから褒められるとムカつくのはなぜでしょう？）

コラム

Terms of Endearment

愛情を込めた呼び名はリストアップしきれないくらいあります。
そのなかで主だったものをいくつか取り上げてみますね。

Angel（女性に対して）（実際には天使はどちらかというとむしろ男性なのですが）／Babe（女性に）／Baby（両方に）／Baby-boy／Baby-girl／Beau（男性に）‘愛人’くらいの意味です。フランス語起源で発音は‘ボウ’です。／Beautiful（両方に）／Blossom（女性に）／Boyfriend（男性に）／Bunny（女性に）／Buttercup（女性に）‘きんぽうげ’です。／Button（女性に）なぜか‘ボタン’には‘気の利いたもの’、‘可愛いもの’という意味があるようです。／Cherub（両方に）天使のことです／Chick（女性に）ひよこのことです。／Cutesy-pie（女性に）‘パイ’はよく出てきます。みんなパイが好き？／Cutie-pie（両方に）／Doll-face（女性に）‘お人形’も頻出。バリエーションに富んでいます。／Dumpling（両方に）小さな団子、お饅頭／Girlfriend（女性に）／Gorgeous（両方に）／Honey（両方に）ハニー関係も多いですね。バリエーションに富んでいます。Honey-bun（両方に）Honey-bunch（両方に）など。／Knockout（両方に）／Love（両方に）最頻出。／Lover-boy（男性に）／Muffin（女性に）マフィンも頻出ですね。バリエーションに富んでいます。／Peach（両方に）／Peaches（両方に）／Pet（両方に）／Petal（女性に）‘花びら’です。／Precious（両方に）／Prince-charming（男性に）／Prince（男性に）／Princess（女性に）／Puddin'（両方に）‘プリン’ですね。／Pumpkin（両方に）／Raving-beauty（女性に）‘すんごい美人’、‘絶世の美女’です。／Romeo（男性に）ご存知、ロミオです。／Snuggles（両方に）‘すり寄せる’、‘抱き寄せる’の名詞です。‘すりすり抱っこちゃん’（?）／Sparkles（女性に）‘きらめき’、‘輝き’です。／Sparky（男性に）上の男性向けの表現です。／Stunner（女性に）‘驚くほど素晴らしい，魅力的な人、大きな衝撃を与えるもの’という意味です。／Sugar（両方に）sugar 関連も頻出です。sugar-lips（女性に）など。バリエーションに富んでいます。／Sunshine（両方に）／Sweet-heart（両方に）最頻出です。Sweet 関連は頻出かつバリエーションに富んでいます。sweetie-pie、sweetie など。／Twinkles（女性に）‘キラキラ’

彼はあなたをなんと呼んでくれるでしょうか？ あなたは彼をなんと呼びますか？

How to be a precious lady

トラブル

Lesson 7
Troubles

ケンカ上等

Wanna fight?

さて。この章ではケンカの仕方とキメのセリフについてご教授します。どうしてもひと言悪口を言わないと収まりがつかない、というあなたには以下をどうぞ。

Liar! ★58　「ウソつき」
Cheat! ★58　「浮気者」
Traitor! ★58　「裏切り者」

やっぱりいちばんキクのは、
「あんたのセックス、最低だった！」かと思います。

Your sex was bad. ★58
「あんたのセックス、ヘタだった」

Your sex was lousy. ★58
「あんたのセックス、サイテーだった」

You always came so quickly. ★58
「いつも早漏だったわね」

Your penis stinks! Why don't you take a shower – like – once every week? ★58
「あんたのちんちん、臭いんだよ！週に１度くらいシャワーを浴びたらどう？」

といった調子で好き放題悪口雑言を並べると、たいていの相手は言い返してくると思います。
「あんたのセックス、サイテーだった」と言われれば、売り言葉に買い言葉で、「お前のオマンコ、激マズだった」、「このユルマン」、「お前の乳首、デカ過ぎなんだよ」などなど、あることないこと怒鳴られても仕方ないかも知れませんね。

そういうときにさらに悪口を浴びせるのもいいけれど、暴力を振るわれたりしては堪らないし、英語では勝てないかと思います。いずれにしても、暴力はいけません。あなたが女性だから、ということではなく、暴力は絶対にいけません。どんなに挑発されても、私なら取り合わないと思います。

「黙れ！」と言いたいときに、インパクトがありかつ一般的なのは

Shut up ! ★59

でしょう。

さらにインパクトがあるのは

Fuck off ! ★59

ですね。よくマンガなどに出てきますが、実際、強力なひと言です。「黙れ！」以外にも、「止めろ！」という意味がありますので、応用範囲も広いです。

他に fuck 系では、

Fuck your mother ! ★60

「お前の母ちゃんとファックしてな！」

Mother fucker ! ★60

「母ちゃんとファックする下司野郎！」

が有名ですが、7 年間の NY 生活で私がいちばん感銘を受けたのは（笑）、

Go fuck your father ! ★60

「お前の父ちゃんをファックしに行きな！」

でした。いつもいつも、相手の母親を侮辱するのはフェアではありませんからね。

また、「これを言えばギロンは終わり」というセリフが英語にはいくつかありますので、あげておきます。

まず、

Whatever ! ★60

「なんとでも言ったら」、「好きに言ってな」。

Oh, I'm sorry ! ★60

直訳は「ごめんなさい」ですが、「（激マズのオマンコで）お気の毒さまでした」。

That's too bad ! ★60

「それはご愁傷様」、「それはお気の毒に」。

カンタンで誰でも知っている表現ながら、Thank you. も有効です。どんなに酷い悪口を言われても、「あらそう。それはどうもありがとう」と取り合わない女性、クールですね。相手は「糠に釘」状態で自滅するだけ。

悪口はキリがないのでこの辺で。

基本的に、日本に住んでいる欧米人は日本語がまったく分からないということはないでしょうから、ほんとうに頭にきたら日本語で言いたいことを言えばよいのです。ただし、英語でしゃべらなくてもいいけれど、欧米人は「それを証明できるか」どうかに敏感な人々です。自分の憶測で物を言ったり、証明できないことを盾に相手を責めたりしてはいけません。

多少陰険ですが、相手の浮気を疑ったりする場合には、ちゃんと証拠を掴《つか》むことが肝心。証拠を用意しておいて、理詰めで追い詰めていくのが正しいケンカのやり方。いくら頭にきたからといって、「あなたはもう私のことなんかどうでもいいの!!」、「○○さんの方が好きなんでしょう?!」などとむやみに喚《わめ》きたてるのは得策ではありません。「電話をかけても掴まらなくて、3回もメッセージを残しておいたのにかけなおしてくれない」、「私の誕生日なのに、○○さんと食事に出かけた」など、誰が聞いても納得できる、客観的な証拠が必要です。

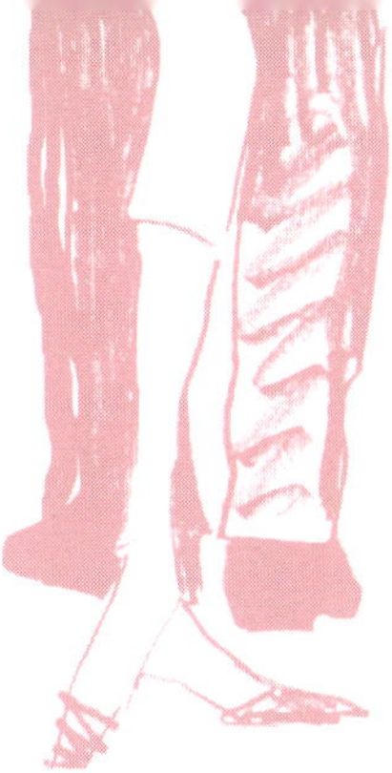

ビジネスの場であっても同様。感情的になったり、水掛け論は禁物。まず、事実を淡々と挙げていき、「これは契約違反です」、「これは違法な行為です」と、相手の非を訴えていくのが正解。理詰めでがんじがらめにしておいて、その上で自分達の要求を具体的に、かつ期限を明記して伝えるのです。必要であれば、期限までに要求が実現されない場合、次にどういうステップを取るつもりか知らせても可。

良心的な取引先であったり、ふだんから付き合いがあるところなら、最初から「告訴する」と脅す必要はないでしょうし、悪質な業者であれば最初から法的手続きを取ることも必要かも知れませんので、そこは見極めが肝心です。いずれにしても、怒鳴ったりする必要はありません。怒鳴ったり脅迫的な態度を取ったりすると、逆手に取られて刑事事件にされないとも限りませんし。慇懃《いんぎん》無礼、あるいは皮肉で冷たい態度というのも脅迫以上に怖いものです。

We all have to learn the art of arguing. You don't have to yell or anything, instead, reason with him.

（私たちはみんな、もっと口げんかの技術を学ぶべきです。どなったりしなくていいのです。変わりに理詰めで話してください。）

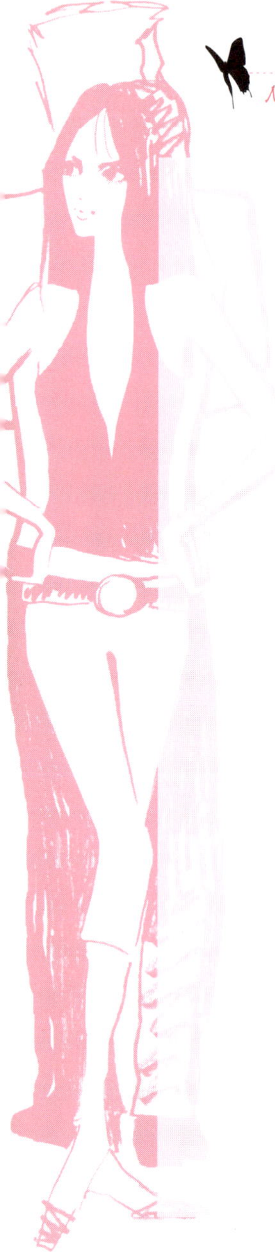

仲直り・関係修復

Making peace, re-building the relationship.

恋愛（や結婚生活）において、ケンカは避けられないことかも知れません。でも、ケンカもできない人間関係や、ケンカもしない冷めたカップルよりはいいのかも？ また、ケンカした後に上手く仲直りできると、ケンカ前よりも親密になれることもありますね（ケンカの後のセックスは燃える、というのは個人的には経験がないのですが・・・）。

I'm sorry.

さて、まずは仲直りの仕方から。自分が悪かったと素直に思ったら、

I'm sorry.

というのがいちばん。I'm sorry. というのは、「ごめんなさい , すみません、申し訳ありません」という意味で、もっともポピュラーな謝り文句です。

注意しなければならないのは、
同じ「すみません」でも、

Excuse me.

の場合は、ひとにぶつかったり話し中に咳が出たりしたときなど、偶然や不可抗力のちょっとした無作法を認めて口にするときに使う文句であって、相手に悪いことをしたと認め、謝罪するときには使えません。つまり、約束を破ったり、浮気したり、相手を傷つけたりしたときの謝り文句にはなりえないということです。もちろん、人に話しかける前や、相手の注意を引きたいときなどには Excuse me. を使います。

英米の文化の違いが現れるのか、私はアメリカ人には「I'm sorry. と言うな」と、繰り返し言われてきました。「I'm sorry. というのは自分の非を認める表現だから、言ってしまったら責任を取らされる」とも。交通事故の際に、自分に過失があってもなくても、絶対に I'm sorry. と言ってはいけないという根拠はここから来ています。後で自分が損をするからです。

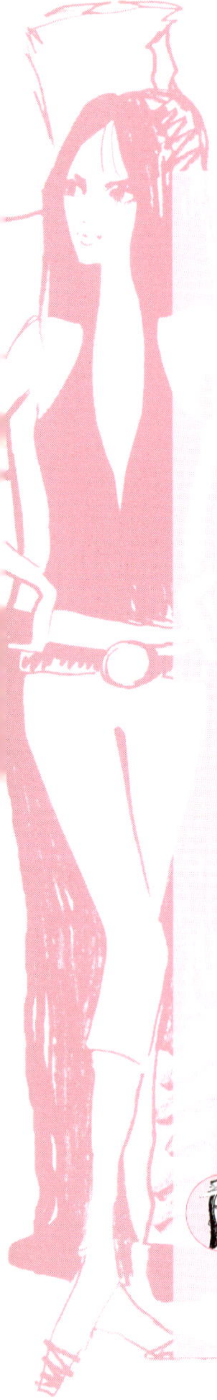

反対に、人に話しかけるときなど、アメリカ人ならExcuse me.と言う場面でも、イギリス人はI'm sorry.と言うことも多々あります。これはおそらく、I'm sorry.の持つもうひとつの意味、「（あなたのお手を煩わせるのは）残念です」、「あなたのお手を煩わせるのは本意ではないのですが・・・」から来ているように私は推測します。

I'm sorry to bother you.

の略ですね。

そこからも、アメリカ人にI'm sorry.と言われたら、「相手はほんとうに自分の非を認め、すまないと思っていて、責任を取る覚悟もある」と解釈していいかと思います。

I've been trained not to say "I'm sorry". However my British friends say "I'm sorry" all the time and nothing terrible seems to be happening to them.
（アメリカに住んでいたとき、またはアメリカ人の友人に、「"I'm sorry." と言うな、と繰り返し言われ、すっかり身についてしまいました。けれども、私のイギリス人の友人たちはしょっちゅう "I'm sorry." と言っていますが、なにも恐ろしいことは起こっていないようですよ。）

その他の謝り文句

Other expressions of apology.

I apologize. ★61

「謝罪します」、「ごめんなさい」、「申し訳ありません」

My apologies. ★61

「謝罪します」、「ごめんなさい」、「申し訳ありません」

I do apologize. ★61

上記を強めた表現。「謝罪します」、「ほんとうにごめんなさい」、「誠に申し訳ありません」

Please forgive me. ★61

「許してください」

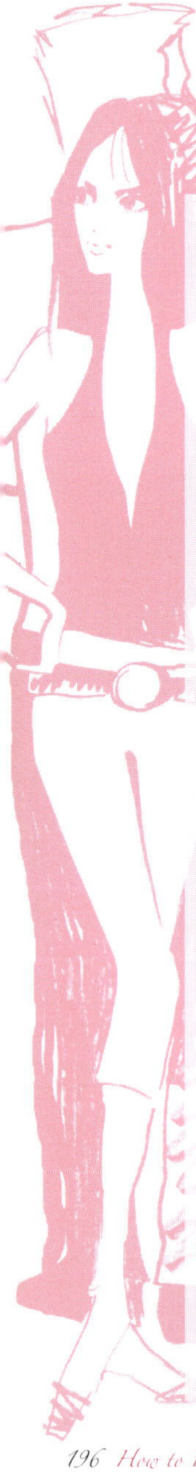

返事

Answers to them.

それに対する「いいですよ」という表現は以下のとおり。

It’s OK. ★62

「いいですよ」、「平気」いちばん軽い表現。

It’s all right. ★62

「大丈夫です」、「構いません」丁寧な表現。

Never mind. ★62

「大丈夫」、「気にしないで」、「平気、平気」

I forgive you. ★62

「あなたを許します」、「許してあげるわ」

I forgive you this time. ★62

「今度（だけ）は許してあげるわ」

I give you one last chance. ★62

「あと 1 度だけ、チャンスをあげる」

It could be some simple misunderstanding. But why don’t you apologize first and once. The fact is you have the other person’s feelings – then you can assure the person that he/she was only misunderstood.
（ただのちょっとしか誤解かも知れません。それでも自分から謝ってみたらどうでしょう？ 相手の気持ちを考えてみましょう —— そうすれば、相手は誤解していただけだと分かるかも知れません。）

上手なケンカの仕方

The art of arguing.

上手なケンカの仕方、まずいケンカの仕方というのはありますが、建設的なケンカができたらそれにこしたことはないですね。繰り返し書いていますが、感情的になって怒鳴るのはいちばん拙《つたな》いやり方です。ヒステリックに自分の感情をぶつけすぎて、相手が勃たなくなった人もたくさんいます。本末転倒でしょう？ そういう女性は偏差値で言うと 35 くらいですね。「相手の顔を立てる」という表現がありますが、相手の顔を潰すような怒鳴り方をしてはダメ。

よくマリッジ・カウンセラーなどが教えるテクニックですが、「主語を＜あなた＞にして話してはいけません。主語は＜私＞にして話しなさい」というのはほんとうです。

「どうしてあなたは毎日帰ってくるのが遅いの ?!」

「どうしてあなたはそんなにだらしがないの ?!」

「あなたは電話してもいつも留守で、かけなおしてもくれない」

「あなたはもう私のことなんか愛してないんだ」

のように詰問するのではなくて、

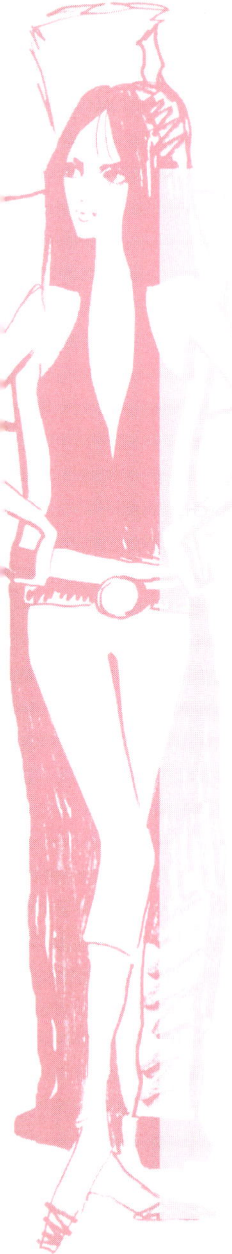

「あなたの帰宅が遅いと私はとても心配になる。私はあなたに体を壊して欲しくない」
「脱いだ靴下は洗濯機か脱衣籠に入れてくれると、私はとても嬉しいわ」
「食事の後にはお皿を洗ってくれると、私はとても助かるわ」
「電話で連絡がつかないと、私はとても不安になるの」
「私はあなたのことが好き。あなたは私のことがまだ好きか、私は知りたい」

と言い換えるといいですね。

男性は口が立たない人も多いですし、突然、「あなたはもう私のことなんか愛してないんだ」と詰問されても、戸惑うだけか、売り言葉に買い言葉で「ああ、お前みたいな口うるさい女はご免だよ！」と言われて終わりです。少なくてもその関係を維持したいと思うのなら、建設的な議論の仕方を学ぶべきです。

誤解を解く

Clearing up a misunderstanding.

何語でコミュニケートするにしても、残念ながら、誤解はいつもついてまわります。日本人どうしでも誤解は避けられないことからも分かりますね。

相手が「誤解してる」、「誤解されちゃった」と思ったら、すぐに「それは誤解です」と伝える、少なくても伝える努力をすることが必須です。そのときには、「そんなこと言ってないわよ、バカ!」となるのではなくて、「私の言い方が悪かったみたいですね。実は、～という意味で言ったんです」と、下手（したで）に出るといいですね。

超一流の男性達とお付き合いしていますが（あるいは彼らが超一流だからこそ?）、彼らは誤解を解くのが上手だし、相手（＝ここでは私）の気持ちをほぐすためなら、「ボクの言い方が悪かったね。今度からはもっとはっきりした言い方をするように気をつけるから許してね」と、謝ることも辞しません。

I'm afraid I misled you. That's not what I meant. What I meant is ～. I will try to make myself clearer from now on.

「誤解させてしまったみたい。そういう意味で言ったんじゃなかったの。実は、～という意味で言ったの。今度からはもっとはっきりと言うようにに努力するわね」

大事なことは、相手に誤解されない、相手を誤解しないということです。誤解を避けるためなら、少しくらい頭をさげてもいいかも？

Misunderstanding is inevitable even among compatriots. How about between an international couple ? We should be more tolerant.

(同国人同士であっても、誤解というのは防ぎきれないものです。国籍の違うカップルの間ではどうでしょう？ もっと寛容にならなくては。)

別れ

Lesson 8

Breaking Up

How to be a precious lady

別れに際して

At a break-up.

さて、前にも触れましたが、女性の真価は、恋愛中よりも別れに際して現れるのではないかと思います。別れ際の悪い女性というのは、私の美意識に反します。もちろん、別れにも後味のいいものと悪いものがあるし、二股や三股をかけられたり、酷い裏切りをされたりしたら、すんなりキレイに別れてやりたくない気持ちにもなるでしょうが・・・。それでも、そういう相手を選んでしまったのは自分なのだし、学ぶべきところは学び、次のステップ、次の段階に上がれればそれが最高だと思うのです。

ただ、ひとつだけ忘れないで欲しいのは、**「誰があなたに近づき、誰があなたから離れても、あなた自身の値打ちは変わらない」ということ**。もちろん、すばらしい相手を選び選ばれ、愛し愛されたのはあなたの手柄。その恋愛が終わってしまっても、愛し愛された事実は消えないし、あなたの価値が減るわけではないのです。

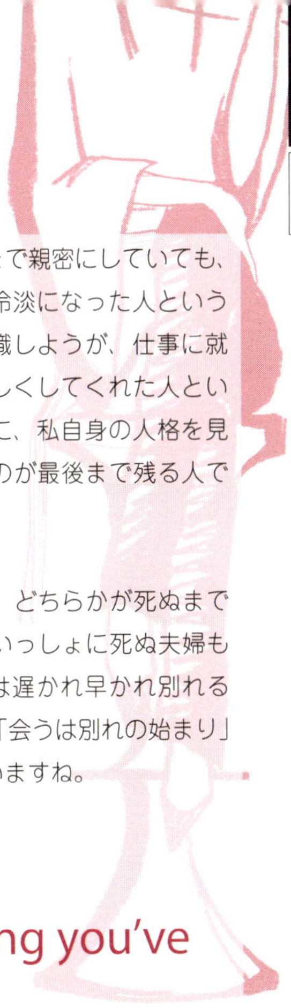

私も何回か転職しましたが、それまで親密にしていても、転職後は手のひらを返したように冷淡になった人というのはいます。でも、私がどこに転職しようが、仕事に就いていなかろうが、同じように親しくしてくれた人というのも存在します。上っ面でなしに、私自身の人格を見つめて付き合ってくれる人というのが最後まで残る人です。恋愛の場面においても同様。

だって、別れないカップルなんて、どちらかが死ぬまでいっしょにいる夫婦だけ（たまにいっしょに死ぬ夫婦もいますが)。90% 以上のカップルは遅かれ早かれ別れるのです。「サヨナラだけが人生だ」、「会うは別れの始まり」と、仏教徒でなくても思ってしまいますね。

まずは、

Thank you for everything you've done for me. ★63

「私のためにしてくれたすべてのことに感謝するわ」

Thank you for all the sweet time we spent together. ★63

「いっしょに過ごしたすべての楽しい時間をありがとう」

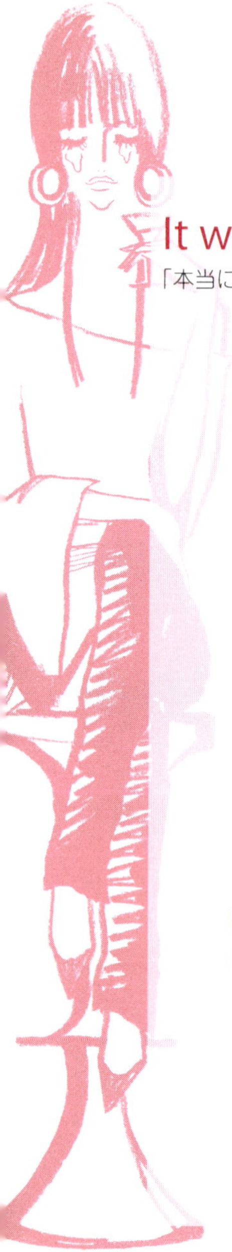

It was such fun. ★63

「本当に楽しかったわ」

I had so much fun with you. ★63

「あなたといっしょにいて、本当に楽しかったわ」

It was nice to know you. ★63

It was nice to have known you. ★63

「あなたと知り合えてよかったわ」（上記どちらも）。

Will you cherish our memories even when we are no longer together ?

—— I will. ★64

「別れた後も私たちの思い出を大切にしてくれる？

—— 私は大切にするわ」

I truly loved making love to you. ★64

「あなたとメイクラブするの、本当に好きだったわ」

Can we still be friends ? ★65

「別れても、友達でいられる?」

言いたい気持ちは痛いほど分かりますが、相手に未練があればあるほど、言わない方がいいセリフですね。生殺しにされるだけです。っていうか、完全に切れて、気持ちも吹っ切れてからでないと、次の相手は絶対に見つからないものです。見つかったと思っても、それはニセモノだったりします。だからどんなに辛くても、失恋するときはまっさかさまに失恋した方が予後がいいようですね・・・。他人事ではなく・・・。

信じられない裏切りや信じられないアクションを取られて、もう話し合いの余地なんかなくて、今すぐにソッコーで別れたい場合には、

God bless you. ★65

「あなたに神のお恵みがありますように」

も有効です。グウの音も出ないひと言ですね。**究極のファイナル・ワーズです。**

私が現在の恋人か夫と別れると仮定すると、きっとこう言うだろうと思うセリフを書いて終わりにさせていただきます。

You will never know how much I loved you. ★66

「私がどんなにあなたのことを愛していたか、あなたにはきっと分からないわ」── 恋人に。

My life was worth living — because of you. ★66

「あなたのお陰で、いい人生だったわ」、「私の人生は生きるに値するものだったわ ── あなたがいてくれたから」── 夫に。

みんなでよい恋愛をしましょうね。

What's the percentage of a couple who never breaks off ? One in ten? One in fifty ?
(最後まで別れないカップルなんてどのくらいの比率で存在するでしょう？10組に１組？50組に１組？)

ヒミツの出会い」

Secret Encounter

to be a precious lady How to be a precious lady How to be a precious lady Ho

出会い系

Encounter Website

自然な出会いはすべての女性の願いですが、普通に働いて、家と会社を往復しているだけではなかなか出会いがないのが現実です。「幸せは歩いて来ない。だから歩いて行くんだよ」。

私は現在の夫とは雑誌の広告で出会いました。現在の恋人とその前の恋人とは出会い系サイトで。メディア（＝媒体）は関係ありません。主に問われるのは本人の資質です。本人さえしっかりしていて魅力があれば、通常では考えられないようなレベルの高い人と知り合うことも可能です。私が生き証人です。

英字雑誌 Metropolis のサイトがいちばん広告数が多いようです。

http://metropolis.japantoday.com
に接続してみてください。

Need help with wordings ? Read on.
（用語が分かりませんか？続きを読んでくださいね。）

http://match.com
出会い系の広告よりもほんの少し匿名性が低いのが各種の match.com でしょうか。match.com は固有名詞ですので、一般名詞は online dating service かと思います。

私自身、登録していたことはありますが、誰とも出会いには至りませんでした。私の場合、住んでいる場所が特殊なので事情が違ってくると思いますが、国内外を問わず都市部に住んでいる人にはいいかも知れません。写真から選ぶこともできます（写真を載せていないひともいます。特に既婚の場合など）。

一応、会員になる際に（クレジット・カードなどで）会費を支払っていますので、会ったときにレイプされたり、詐欺に合ったりしても、追跡調査がしやすいということはあるかも知れません。

どのメディアでも同じですが、あるていどチェック機能があったとしても、相手がウソをついていない、虚偽の申告をしていないという保証はゼロです。私が一時期文通していた男性も、実際には PhD を取っていましたが、「大卒」と申告していましたし。

また、体重をごまかすひとなど多いそうで、「いまちょっと 2 キロほど太りすぎなの」と申告してきた女性は、みんな 40 キロくらい太りすぎていたと教えてくれた人もいます。

ねるとんパーティ

International party

同じく Metropolis を初め、英字雑誌などによくねるとんパーティのお知らせが載っています。このメディアでも相手の身元などよく分かりませんが、1度に複数のひとを見られる、複数のひとと話ができる、というのが魅力ですね。会費も 3000 円くらいからと割とリーズナブルですし（ただし、女性の方が料金が安い、ということはありません。日本はガイジン天国だから？）。

気になる人がいたら名刺をもらったり、自分の名刺を渡したりするといいですね。もちろん、会社で使っている名刺ではなくて、それ用に用意しておきます。住所は載せずに、携帯の番号とメール・アドレス、（下の）名前くらいでいいのではないでしょうか。シャレとして、写真つきでもいいかも知れません。

ひとりで出かけるのがハードルが高かったら、友人を誘ってもいいかも。ただし、いい人が見つかったら帰りは別行動、恨みっこなしと約束しておくこと。

出会い系の広告もそうですが、数をこなすうちに誰が「常連」か分かってきます。どうせ参加するなら、2～3回は続けて参加してみるといいかも。また、フレンドリーな子がいたら女の子にも話しかけて、情報収集するのもいいですね。

I've never attended one. Have you ?
（私はいちども出席したことがありませんが。あなたは？）

結婚紹介所

Matchmaker service

「出会いがない」と嘆く女性に結婚紹介所のようなところを薦めると、露骨にむくれてしまうことがあります。私が現在独身でパートナーを探しているとしたら、結婚紹介所にも足を運ぶと思うのですが・・・。こういうサービスの多くは、男性会員には会費を課しますが、女性会員は無料なところが多いですし、有料だったとしても、リーズナブルな料金設定のところが多いようです。

エリートの欧米人に日本女性を紹介するエージェンシーで、国内外を問わず、大々的かつ長期的に広告を打っているのを見かけます。こういったエージェンシーは玉石混交かと思いますが、数年に渡って事業を行っているところならそれなりに信用できます。

私は常々、日本女性というのは日本が世界に誇ることができる「輸出品」だと固く信じています。人間をモノに喩えるのは失礼なことですが・・・。日本人女性は海外に出ても十分やっていける人が多いしし、その中でも特に優秀で魅力に富んだ女性達は、どこにでも自信を持って出せると思っています。

一般的に高学歴で美しく、謙虚さとマナーを身につけていて、assertive《アサーティヴ》（自分の意見などをはっきり述べる、はきはきした、積極的に主張する）ながらaggressive《アグレッシヴ》ではない日本人女性は、日本の誇りであり、世界中どこに出しても恥ずかしくありません。

エリートの欧米人との出会いを求めているあなた。専門の結婚紹介所を覗いてみる価値はあるように思います。身元の確かな一流の男性と確実に出会えるメディアとして、むしろお薦めです。
唯一の難点は独身でないと入会できないことですね（笑）。

出会い系の英語解読 その1
人種・年代・真剣さ

Decoding ads #1 — Race, age and how serious.

私が広くお薦めする（笑）出会い系ですが、慣れるまでは広告を読解するだけでもタイヘン。ここでは、広告の読み方をご教授します。

まずは出会い系に限らず、「ルーム・メイト募集」などの広告にも出てくる一般的な表現から。

SWF=Single White Female

「シングル・ホワイト・フィーメイル」という映画がありましたが、「独身の白人女性」という意味です。

MWFなら、

Married《マリード》 White《ホワイト》 Female《フィメール》

で、「既婚の白人女性」。

バリエーションとして、

SWM=Single《シングル》 White《ホワイト》 Male《メール》

は独身の白人男性。

MWM=Married《マリード》 White《ホワイト》 Male《メール》

は既婚の白人男性。

SBM=Single《シングル》 Black《ブラック》 Male《メール》

は独身の黒人男性

MBM=Married《マリード》 Black《ブラック》 Male《メール》

は既婚の独身男性。

また、日本に限ってですが、

SJM=Single《シングル》 Japanese《ジャパニーズ》 Male《メール》

独身の日本人男性。

MJM=Married《マリード》 Japanese《ジャパニーズ》 Male《メール》

既婚の日本人男性。

SJF=Single《シングル》 Japanese《ジャパニーズ》 Female《フィーメル》

独身の日本人女性。

MJF=Married《マリード》 Japanese《ジャパニーズ》 Female《フィーメール》

既婚の日本人女性。

という表現もよく使います。

代表的なバリエーションは以上のとおりです。

Bi とあるのは bisexual《バイセクシャル》の略。ご注意を。

GWM=Gay《ゲイ》 White《ホワイト》 Male《メール》

のように、G は gay をさします。

Bi ならともかく、gay じゃあ、女性の私たちには関係ありませんね。

「白人」を表す政治的に正しい呼び方は、

Caucasian《コケージャン》

で、「黒人」を表す正しい呼び方は

African《アフリカン》

です。

European《ヨーロピアン》
を使って白人種であることを示すこともありますが、最近では非主流です。

日本人以外の東洋系をさすときには、
Asian《エイジャン》
Oriental《オリエンタル》
辺りを使います。
Eastern《イースタン》
は頻度が落ちるようです。

「日系」や「二世」、「三世」は、
nikkei《ニッケイ》
nisei《ニセイ》
sansei《サンセイ》
と、そのまま使われています。

20s, 30s, 40s, 50s はそれぞれ、「20 代」、「30 代」、「40 代」、「50 代」。

もう少し細かく区切りたいときには、

early 20s 「20 代前半」
mid 30s 「30 代半ば」
late 40s 「40 代後半」
のように使います。

No strings《ノー ストリングズ》

というのは、「ヒモなし」と誤解してしまうかも知れませんが、「後腐れのない関係」、「真剣でないお付き合い」。「一夜限り」のニュアンスが強いですね。ん〜、一期一会とはまさにこのこと？

No commitment《ノー コミットメント》

も同様ですが、「一夜限り」というよりは、「将来を約束しない」関係という意味合いの方が強いので、no strings よりは多少長期のニュアンスがあります。

Uncomplicated《アンコンプリケーティド》

も「フクザツでない、単純な」という意味で、将来がどうの、結婚がどうの、「ややこしいことはゴメン」というニュアンスですね。短期という意味合いは特にないのですが、あまり深い関係を期待してはいけないかと思われます。

Casual《キャジュアル》

男女の仲に関しては、「ステディ」steady の反意語。「ステディでない、真剣でない」という意味になります。カジュアル自体に、「おざなりの、ときたまの」という意味がありますから、カジュアルな関係を求む、というひとと同意のうえで付き合う場合、浮気をされても文句は言っていけないと思います。

Short-term《ショート ターム》

文字通り、「短期」です。「一夜限り」とは限りませんが、「ボクが日本を離れるまで」など、条件つきだったり、やはりあまり多くを期待してはいけませんね。

Long-term《ロング ターム》

「長期」ですが、長期にわたる落ち着いた関係を希望している場合でも、将来や結婚となるとまったく話は別ですので、期待しすぎないようにしたいものです。

Marriage《マリエッジ》-minded《マインディド》

「結婚を前提とした」、「結婚を視野に入れた」、「結婚を希望する」。この表現は、女性の広告によく見かけます。本気で結婚を考えているなら、このひと言を付け加えるのもいいと思います。たいていの男性は恐れて近づかないだろうと思われるからです。ただし、広告に marriage という単語を使うと、来る返事は極端に減ります。10 ～ 20 通来たらいいんじゃないでしょうか。しかも、筋金入りのプレイボーイや結婚詐欺師はビビッたりしませんから、見る目が必要です。

さらに直接的な文句としては

looking《ルッキング》 for《フォー》 wife《ワイフ》

「妻を捜しています」

looking《ルッキング》 for《フォー》 my《マイ》 future《フューチャー》 wife《ワイフ》

「未来の妻を捜しています」

looking《ルッキング》 for《フォー》 husband《ハズバンド》

「夫を捜しています」

looking《ルッキング》 for《フォー》 my《マイ》 future《フューチャー》 husband《ハズバンド》

「未来の夫を捜しています」

がありますが、これも確信犯の男性なら恥知らずにも書くかも知れないし、特に実際に会ってみて信頼に足る男性だと分かるまでは、全面的に信じるのは考え物です。

What kind of relationship are you looking for ?
（どんな関係をお探しですか？）

出会い系の英語解読 その2 リッチかどうか
Decoding ads # 2 — how rich

広告というのは、10 通も読んでいくうちに見分けがつかなくなってしまいます。みんな似たり寄ったりで、個性のあるものが少ないかも。

では、典型的な恋人募集広告を読み解いてみましょう。Metropolis などに代表される英文広告には、有料と無料があります。当然有料の方がフォントもスペースも大きく読みやすいですね。相手はお金を出して広告を載せているということから、お金を持っている可能性は高いかも知れません。

まあ、ジゴロや結婚詐欺師だって広告にお金をかけたりお金持ちぶったりはするでしょうから一概には言えませんが、倍率は高くなっても応募する価値はあるかな、という気はします。とはいうものの、私個人は広告はもっぱら出す方。リユウはカンタン。その方がたくさん返事がくるし、たくさんの候補者のなかから選べるからです。

女性が広告を出す場合、無料のものでじゅうぶんかと思います。私はクレジット・カードなどに証拠を残すのがイヤなので有料広告を出したことはありませんが（なにせ既婚なので）、無料のものでも広告を載せると最低 100 通くらいは返事がくるので（多いときで 463 通くらい）、不必要かと思います。1 度有料広告も出して実験してみたい気はするんですけどね。

恋人候補はハンサムに越したことはありませんが、広告を出したり返事をくれたりする男性って、ほとんど全員、自分のことを very handsome だと申告してくるのが不思議ですね。まあ、顔の美醜なんて好みもあるし、写真を１枚送ってもらえば１発で分かることだけど。

それに、「金髪・青目」の確率が高いのにもビックリ。世の中にこんなにたくさん「金髪・青目」がいたかってカンジ。出会い系に広告を出したり応募してくる男性は、容姿に自信のあるひとの方が多いみたいです。日本はガイジン天国だから、いい気になってるだけってひともかなりいるみたいだけど・・・。長身の男性も確率高いですよね。チビ・デブは立つ瀬がないカンジ。

自分で very handsome と申告してくる男性は、私のなかでは top priority ではないですが、まあそれだけで排除するということもありません。「ああ、そうですか。承知しておきます」くらいに受け止めますね。

よく見かける表現に、warm《ウォーム》-hearted《ハーティド》というのがあります。「心の暖かい」という意味ですね。個人的には warm-hearted より good《グッド》-hearted《ハーティド》の方が好きです。

女性が出す条件のなかでいちばん多いのは、「お金」だと思いますが、では「リッチな男性求む」、あるいは先方が「私はリッチな男性です」というときのキー・ワードを並べておきますね。

まずは
Affluent《アフルーエント》
Wealthy《ウェルシー》
Solvent《ソールヴァント》
Successful《サクセスフル》
の４つをあげておきます。

あくまで私の感覚ですが、財産という意味では上にいくほどリッチになります。

Affluent　富裕な状態。「リッチ、リッチな生活を送っている」。
Wealthy　リッチなだけでなく、社会的地位の高さを示唆。
Solvent　「支払能力がある、金回りがよい」。
Successful　「成功した、出世した」。

ただし、従業員３人くらいの会社を経営しているだけでも、I am successful. と言い張れば言い張れますので、これは主観的な要素が強い語ではないかと思います。

次に

Financially《ファイナンシャリー》 comfortable《コンフォタブル》

Financially《ファイナンシャリー》 secure《セキュア》

Financially《ファイナンシャリー》 O K《オーケー》

の３つを。

これも上にいくほどリッチになります。

Financially comfortable

安楽でリッチな生活を連想させます。２台以上の高級車や別荘を連想させる表現です。

Financially secure

文字通り、「経済的に安定している状態」。

ただし、公務員で月収が 20 万円あって、絶対にクビにならないからといって、この表現は使えません。少々のことでは揺るがない経済的な基盤を意味します。持ち家と潤沢な預金を連想させます。

Financially OK

文字通り、「経済的に OK。うまくやっている」状態をさします。借金があるひとは使ってはいけないと思います。むしろ、自分が wealthy だ、rich だと言う代わりに financially OK を使うひとは、お金目当ての女の子を避けたいのか、「借金はないけど貯金もない」くらいの経済状態なのだろうと推察されます。

Generous《ジェネラス》

さてさて。個人的には経済状態よりも「女に金を遣うかどうか」の方がよほどポイントになるのではないかと思います。generousは「気前がいい」という意味で、「(ふさわしい相手には/いい女性さえ見つかれば)気前よく遣いますよ」というニュアンスを含んでいます。givingも同じ。ただし、「オレは精神的に気前がいいんだ」というひとも自己申告ではgenerousと言ってくるかも知れませんので、あくまで実際に会ってみてから自分で判断してくださいね。

金持ってるかどうかより、女に金を遣うかどうかの方がよっぽど大事ですよね。私は個人的にはプレゼントなどしてくれなくてもいいのですが、やはりせっかく泊まるなら一流ホテルの方がいいし、安い場末のラブ・ホテルやビジネス・ホテルに連れていかれるくらいなら、恋人なんて作らない方がマシだと思っています。

お金の遣い方というのは、私にはとても重要。廻る寿司を奢ってくれるくらいなら、私が払うから築地のすし屋のカウンターに行って、お好みで食べましょうというタイプ。だって、滅多に日本には帰れないんだもの。

Sugar daddy《シュガー ダディー》

「（父親じゃなくて、なんでも買ってくれるほうの）パパ」

最初からお金やモノ目当てだったらこの表現で一発。見本を作っておきますね。

Young, beautiful & extremely sexy JF looking for Sugar Daddy. Take me to the best places and buy me everything I want and I'll give you what you want and show you what my body can do for you.

「若くて美しい、すんごくセクシーな日本人女性が、"パパ"を募集。私を最高の場所に連れていって、私が欲しいものをなんでも買って。そうしたらあなたに欲しいものを上げる。私の体がどんなにすばらしいかあなたに分からせてあげる」

Sugar daddies are OK as long as you know what you want... However, typically gentlemen give you money OR effort/time. I'd rather they take time for me.

（「パパ」を作ってもだいじょうぶ。自分がなにが欲しいか分かってさえいたら。でも、普通、紳士というのはあなたにお金か時間（と気持ち）かどちらかしかくれません。私なら時間をもらう方が嬉しいですね。）

出会い系の広告の書き方
How to write an ad.

では、自分のことを描写するとき。なんと言ったら「ウソつけ！」と言われることなく相手を虜にすることができるでしょうか？

まず、比較的誰でも使える形容詞に、attractive《アトラクティブ》がありますね。「魅力的」という意味だから主観的だし、私もいつもこれを使っています（にっこり）。誰だって、どこかは魅力があるものですし。

すごい美人であれば、beautiful《ビューティフル》, very《ヴェリー》 beautiful《ビューティフル》などと正直に言っていっても構いません。美人と言うより可愛らしいタイプだったらpretty《プリティ》で決まり。prettyよりはやや落ちるけど可愛いタイプだったらcute《キュート》。ちなみに、欧米では多少容姿に難のある子供や犬でも、cuteと呼ばれますので、目の覚めるようなブスやクール・ビューティ以外は使ってもOKかと思います。

Good-looking《グッドルッキング》というのも、男女を問わず使えます。「器量のよい」、「端正な」といったくらいの意味です。beautifulやhandsome《ハンサム》ほどではなくても、とりあえず十人並みなら使っても構わないかと思います。私の場合、おしょうゆ顔なので、Japanese《ジャパニーズ》 good《グッド》 looks《ルックス》と申告することもあります。「和風美人」、「日本人らしい器量よし」くらいの意味合いです。

やはり統計でいうと、slim《スリム》な女性が好まれます。なかには「太め希望」の男性もいますが、大半は「デブは不可」と言ってきますね。日本人女性は平均が細いので、自分ではちょっと太めだと思っていても、欧米人の基準から言えばだんぜんOKだったりしますので、果敢にチャレンジしてください。太目の方は、最初から太目の女性

を希望する男性にアプローチした方が勝率があがるかと思います。

さて、「太め」をさす表現としては、「ぽっちゃり」という意味の chubby《チャビー》 がお勧めです。語感が可愛らしいですし。plump も同様。コロコロしたカンジがあります。「あんまり痩せていません」と言いたければ、not so slim。肥満というほどではなくても体がたっぷりとしていたら、full《フル》-bodied《ボディド》 がお勧め。好きな人は好きです。「豊満な」という意味の voluptuous《ヴォラピシャス》 も好きなひとは好きでしょう。

反対に、私は痩せてるのがウリよ！という女性は、skinny《スキニー》 を使ってください。ただし、ガリガリに痩せて「骨が浮いている」くらいでないと使えません。細いだけじゃなくて、かっこよく痩せている方は slender《スレンダー》 を使ってくださいね。細い・太いではなく、均整の取れたプロポーションをしている方は、shapely《シェイプリー》。

少し露骨ですが、
I have a nice body.　「いいカラダをしています」
I have a beautiful body.　「キレイなカラダをしています」
と言っていってもいいですね。

男性ならば、
athletic《アスレティック》　「スポーツマン（の）」
athletically《アスレティカリー》-built《ビルト》　「スポーツマン体型の」
well《ウェル》-built《ビルト》　「がっしりした、体格のいい」

strongly-built《ストロングリー ビルト》「がっしりした、頑丈な、体格のいい」と言うところでしょうか。

私も経験ありますが、「中肉・中背」のようにkgやcmで体重や身長を申告してこない男性は、自分にコンプレックスがあるか、問題（?）がある場合が多いです。特に、身長180cm、中肉、などと、片方は数字を出してきているのに、片方は誤魔化している場合には、びっくりさせられることがあるかも知れません（にっこり）。

個人的には、最初から「港区在住で身長175cmから180cm、30代の方に限る」などという広告はどうかな、と思います。まあ、欧米人は日本人よりも融通が利くから、身長172cmでも応募してくれるかも知れませんけど、数字でハネてしまったひとのなかに、理想の男性がいないとも限らないし。条件は多少緩めでもいいのではないかな、という気がします。

私の現在の夫も背は高くないですし、体重もover-weight《オーバー ウェイト》ですが、夫としては世界でいちばんかも知れないと思っています。あなたのことを理解してくれ、愛してくれ、サポートしてくれる男性なら、少しくらい理想より背が低くてもかまわないんじゃないでしょうか・・・?

私の現在の恋人も、私の理想よりは少し年がいっていますが、超多忙な身にもかかわらず毎日手紙をくれる、愛しいひとです。彼も私のことを親身になって考えてくれ、アドバイスしてくれたり励ましてくれたり、私にとってなくてはならないひとです。私たちはね、ちょうどハリソン・フォードとキャリスタと同じ年です。

さてさて。 他に大事な要素としては、喫煙と飲酒くらいでしょうか。

smoker《スモーカー》　「喫煙者」と
non《ノン》-smoker《スモーカー》　「非喫煙者」
の差は、日に日に広まっているようですので、最初から明記しておいた方がよいでしょう

I don't smoke but I don't mind if you do.
「私はタバコは吸いませんが、あなたがスモーカーでも気にしません」などと書き加えてもいいですね。

また、女性の喫煙に対して、欧米人は日本人よりは嫌悪を示さないようです。もちろん自分がノン・スモーカーなら「ヤニ臭いのは苦手」というひとはたくさんいるでしょうが、日本人男性のように「オレは吸うけどお前は吸うな」というひとはいないかと思います。

個人的には、身長が高いか低いか、ハゲているかいないかよりも、お互い喫煙者か、あるいは非喫煙者かということの方がよほど重要

ではないかと思います。
「アル中です」と申告してくるひとはいないでしょうが、ほとんどまったく飲まなければ

I am a non-drinker.　「お酒はやりません」
I don’t drink.　「お酒は飲みません」
I am a social drinker.　「酒はつきあいていどです」

と言ってくるでしょう。

逆にあなたが飲み歩くのが好きだったら、最初からそう言っていくことをお勧めします。

Looking for a drinking companion.「飲み友達募集」

Looking for a mate to go drinking with me.
「いっしょに飲みにいってくれるひと募集」

Let’s explore the Tokyo club scene.
「東京のクラブ・シーンを探検しましょう」

I love drinking in Roppongi. How about you?
「六本木で飲むのが大好き。あなたは？」
などなど。

I only drink at home basically to fall asleep. The beauty of living here is that even high-society ladies sip some champagne for breakfast !
（私の場合、主に寝酒として自宅でしか飲みません。南欧よいとこ、いちどはおいで。ハイ・ソサイエティのレディたちでさえ、朝食にシャンペンを召し上がります！）

広告の裏読み

Read between lines.

それでは、広告の裏の裏の読み方をご教授します。

まず、私が避けた方がいいと思うのは、失礼だったり、高飛車だったり、ぞんざいだったりする広告です。

同じ、「応募される方は必ず写真を添付してください」と言うにしても、
A photo, please.「写真をお願いします」
と言えばいいだけのことなのに
No photo, no reply.
「写真を添付しないひとには返事しない」
と言う必要はありませんね。

同じく、「痩せ型の女性を希望」と言いたいなら、
Please be slim.「痩せ型の方を希望」
と言えば充分メッセージは伝わるわけで、
I don't like obesity.「肥満はキライです」
だとか、
No fat women need to apply.「デブ女の応募はお断り」
などといった辛らつな表現を使う必要はないのです。

特に、No ~ need to apply. などとあると、「お前は何様のつもり ?!」と気分が悪くなります。女性が出す広告にしても、
No English teachers need to apply.
とあると、「何様 ?!」と思うし、人格を疑ってしまいますね。

もしも私が同じことを言いたかったら、

Please be professional. 「プロフェッショナルな方を希望」

I prefer businessmen. 「ビジネスマンを優先します」

などと書くと思います。あとはせいぜい、

Sorry but no English teachers, please.

「すみませんが英語教師の方はご遠慮ください」

これなどは、英語が上級でなくてもすぐに分かるかと思いますので、注意してみてください。広告の文案というのは編集サイドで添削・変更されることが多いですが、please くらいは残しておいてもらえるはずですので、please がついているかどうか、また全体のトーンなどに気をつけてください。

あと、広告で注意したいのは、単数形か複数形か、です。これも単純ですが、大きな決め手になります。

Looking for a girlfriend.「ガールフレンド（ひとり）募集」

や

I want to meet a beautiful SJ girl.

「キレイな独身の日本人の女の子（ひとり）と知り合いたい」

なら合格ですが、

Looking for girlfriends.「ガールフレンド（複数）募集」

I want to meet beautiful SJ girls.

「キレイな独身の日本人の女の子たちと知り合いたい」

なら失格ですね。

本当に些細なことですが、たとえたくさんの中から選ぶにしても、本心から「ひとりを選んでひとりと付き合いたい」と思っているひとなら、Looking for girlfriends. とは書かないと思います。人間の心理の恐ろしいところです。

だから、 女性の側が広告を載せる場合にしても、
Looking for American gentlemen.
「アメリカ人の紳士（複数）募集」
ではなく、
Looking for one American gentleman.
「（ただひとりの）アメリカ人の紳士募集」
と書くべきです。

私自身の経験ですが、「ボクはいま（地元に）ひとりだけステディな彼女がいます」と言ってきたときに、
There's a women I see regularly.
と書いてあったことがあって、
「a women っていうのは、なんにんだよ ?!」と苦笑したことがあります。

他にも、「最近までガールフレンドがひとりいたんだけど･･･」と言ってきたひとも、
Until recently I had a girlfriends.
と間違って書かれていて、「だからそれはなんにんだよ ?!」と突っ込みたくなったことも。

隠しても隠しても、こういうところに本音が出るのではないかと思いますから、お互い気をつけたいものですね（にっこり）。

その他のポイントとして、「人種、国籍、サイズ、既婚・未婚の別や年齢を問わず」と言うのも、個人的には好きになれません。「好きになったらそのひとがタイプ」というのはそれもまた真ですが、「お前には好みはないのか?!」と突っ込みたくなります。もっと穿った見方をすると、「女なら誰でもいい。穴さえついてりゃいい」という印象を受けてしまうのです。

もしも読者のみなさんの中に、「それは偏見よ。私はそういう広告を出しているひとに返事を出したけれど、とてもいいひとだったわ」という方がいらっしゃいましたらご一報くださいね。

この辺になると例外という気もしますが、勘違い野郎というのは跡を絶ちません。
「ハンサムなボクはひとりでビーチに行くとホモの視線が鬱陶しいから、ボクの彼女のフリをしてくれる女の子を募集。もちろんワリカンで」などと言う広告を見ると、他人事ながら「ボディガード代、払えや!!」という気持ちになります。

最初から写真を10点くらい送ってくるオトコというのもけっこういて、笑えます。出会い系はナルシストの温床かも知れません。

あと、気をつけなくてはいけないのは、「年上の女性を求む」というときに、「ボクに貢いでくれるひと」という言葉が見え隠れしているひと。

Looking for Sugar Mommy.
「シュガー・マミー（シュガー・ダディの女性版）募集」、「貢いでくれる年上の女性募集」、

I'll give you a good time and you'll pay the bills.
「楽しませてあげるから、お勘定はあなたが払ってね」
（注・遊興費を払わせられるだけならまだしも、家賃や水光熱費、クレジット・カードの請求まで支払わさせられそう）、

Let me be your pet boy.
「あなたのペットにして」
などには注意が必要です。

Will I ever be a Sugar Mommy one day ? I surely hope not !
（私もいつかは若い男の子を囲うようになるんでしょうか？・・・それはイヤだな。）

このセリフが出たらレッド・カード

Red card for these expressions.

ボキャブラリーを増やすためにも、山のように送られてくるポルノ系のスパムにたまに目を通すことがあります。

そこで、先日、人生の真理をひとつ見つけてしまいました！ポルノのプロデューサー兼男優は、カンタンに分けると２つのタイプに分けられます。１つは女性が好きなタイプ。そうしてもう１つは女性を憎んでいるタイプ。

女性を憎んでいる男性と付き合ってはいけません。「好色な女嫌い」というのは存在します。「女好き」な男性を選びましょう。

具体的には、ポルノのサイトのキャプションや文章を読んでいて気がつきました、

bitch《ビッチ》「メス犬、あばずれ、売女」
slut《スラット》「身持ちの悪い女、売春婦」

う〜ん。辞書にある表現は婉曲的でいい訳が思いつかないのですが、私の感覚では「やりまん、させ子」といった意味で、女性を罵る最低の表現かと思います。人間扱いしていません。

くだんのポルノ・サイトでは、主催者のポルノ男優達が、主にお金で女性を口説いてポルノ映画を撮るのですが、「このビッチは吹っかけやがって。オレとダチであそこをメチャメチャになるまでヤッてやったぜ」とか、「こいつはほんとうにスラットさ。自分でブラに穴を開けて、乳首が見えるようにしてやがるんだぜ!」。「こいつはほんとうにマヌケだぜ。たったの 50 ドルで知らない男ふたりが運転するクルマに乗って、3P で前の穴にも後の穴にも挿れさせやがるんだぜ」といった調子で、吐き気を覚えました。

別にポルノ自体は構わないけれど、女を憎んでいるのが見え見えで・・・。「子供時代、よっぽど母親に構われなかったんだろうな」と想像してしまったほど。あるいは、自分の母親がビッチでスラットだったんだろうな～、と偲《しの》ばれました。

どうせポルノを見るなら、おまんこも女も好きな男性が演出・主演しているのを見てみたいものです。

他にも、「売春婦」を意味する
ho《ホー》
だとか、
whore《ホア》、
あるいは
cock-sucker《コック サッカー》「チンコを咥えるヤツ」
などもレッド・カードです。

たとえあなたのことを指して、でなくても、彼が上記の言葉を口にしたら、逃げましょう。私はおまんこやおまんこをハメるのが好きなくせに女を憎んでいる男が大嫌い。実際、彼らは女性に危害を加えます。心に刻み付けておいてください。

When you hear these expressions from a guy... Don't walk away, run !
(男性の口からこういう表現が出るのを聞いたら・・・走って逃げてくださいね！)

あとがきに代えて

“国際恋愛を制する者はすべての恋愛を制す。
恋愛を制するものはすべての人間関係を制す。
だが、すべての人間関係を制する前に自分自身を
制することができなくてはならない。”

―― マダム・ロセス

そもそもは、日本の女の子に負けっぱなしになって欲しくなくて書き始めました。言葉の壁のせいか、日本がガイジン天国なせいか、外国人の男性と対等な関係を築けない日本人女性をたくさん見てきました。

翻って、私は相手の国籍や人種にかかわらず、対等な人間関係しか築けないし、そもそも興味が持てません。
その秘訣はなにか、なにか秘密があるのか。秘訣はあるかも知れませんが、秘密ではありません。自分が実際に体験し掴んだことをみなさんとシェアしたく思い、本書をしたためました。

どのような出会いであっても、それを活かすにはテクニックやスキルが必要です。また、まずは出会いを演出することも必要でしょう。日本人と英語話者が交際するには、知性と教養を感じさせる英語が話されなくてはなりません。もちろん先方が日本語が達者な場合もあり得るでしょうが、やはり日本語ができる外国人の数は少ないですし、外国語として勉強するときに日本語は英語よりもはるかに難しいのではないかと私は考えます。

いずれにしても、英語はできるに越したことはありません。英語が話せれば世界は広がります。英語を話せるようになったことにより、私の世界は飛躍的に広がりました。２倍、３倍という単位では評価できないほどに。CD 付きのテキストをここに発表することができ、とても嬉しく思います。

また、英会話のテキストだけでなく、この本には私の philosophy を込めています。どの項目を取っても、‘国際人’として通用する人間になるためのヒント足りえるのではないかと自負しております。原稿を読んだ友人たちは、「これは国際恋愛のハウツーものではない」、「むしろ世界に通用する、すばらしいレディーになるためのアドバイスが書かれている」とコメントしてくれました。

16 歳のときから英語の家庭教師をしており、国際恋愛を始めたのは 23 歳頃でしたでしょうか。どちらも私の大事なライフワークです。この本には私が経験したこと、日ごろ考えていること、これだけは知っておいて欲しいと思うことが余さず書かれています。

この本が、悩みや戸惑いの多い国際恋愛の場面であなたの指針となりますように。波間に輝く灯台の灯のように。国籍や人種、言語が違っても、お互いに歩み寄り、尊重する、最初の杖となりますように。精神的なサポートとなって、あなたとあなたの大切なひとを支えられますように。

マダム・ロセス
1965年広島県福山市生まれ。高知女子大学英文科卒。英会話学校の講師等を経、90年に渡米。91年に結婚。国連代表部、日系銀行等に勤務の傍ら、フリーランス・ライター，翻訳業に従事。97年に第1子出産後、7年間のマンハッタン生活を終え、夫の故郷バルセロナにリロケートする。
2000年より2001年までインターナショナル·スクールにて勤務。その後、日系企業にて勤務を経、現在はフリーランスの翻訳者。バイリンガル雑誌にて連載。英語と日本語でエッセイを執筆。その他に日本語の雑誌にも寄稿。3大陸にて生活、フルタイムにて就業。3ヶ国語を話す。

2008年より「マダム・ロセスの国際恋愛コーチング」を主催。
国際恋愛におけるご相談や英文のプロフィール作成などをお引き受けしています。
http://www.madameroses.com/

セレブをおとす英会話（CD付）
2006年8月30日初版発行　2009年5月28日2刷発行

著　者	© マダム・ロセス
発行所	株式会社　駿河台出版社
	〒101-0062　東京都千代田区神田駿河台3-7 TEL 03 (3291) 1676（代）　FAX 03 (3291) 1675 http://www.e-surugadai.com E-mail: edit@e-surugadai.com
発行人	井田洋二
企画協力	企画のたまご屋
編　集	山田　仁
装幀・イラスト	武蔵野ルネ（ゼロ・ツー）
本文デザイン	小熊未央
組　版	Apple & Honey
印刷・製本	株式会社　三友印刷

Printed in Japan.　ISBN 978-4-411-04001-5